Christoph Eichhorn

Classroom-Management
Wie Lehrer, Eltern und Schüler guten Unterricht gestalten

Klett-Cotta

Klett-Cotta
www.klett-cotta.de
© J. G. Cotta'sche Buchhandlung Nachfolger GmbH, gegr. 1659
Stuttgart 2008
Alle Rechte vorbehalten
Fotomechanische Wiedergabe nur mit Genehmigung des Verlags
Printed in Germany
Schutzumschlag: Philippa Walz, Stuttgart
Fotos: Mette/laif
Gesetzt aus der Minion von Dörlemann Satz, Lemförde
Auf säure- und holzfreiem Werkdruckpapier gedruckt
und gebunden von Clausen & Bosse, Leck
ISBN 978-3-608-94538-6

Fünfte, veränderte Auflage, 2012

Bibliografische Information der Deutschen Nationalbibliothek
Die Deutsche Nationalbibliothek verzeichnet diese Publikation in der
Deutschen Nationalbibliografie; detaillierte bibliografische Daten sind im
Internet über http://dnb.d-nb.de abrufbar.

Inhaltsverzeichnis

→ Classroom-Management als Hauptqualitätsmerkmal guten Unterrichts S. 14   → Erst ein geordnetes Klassenzimmer ermöglicht gute Beziehungen S. 14   → Mangelnde Disziplin ist der stärkste Belastungsfaktor für Lehrer S. 15   → Disziplinprobleme schädigen das Image der Schule S. 15   → Disziplinprobleme verstärken die Gefahr von Gewalthandlungen an der Schule S. 15   → Für manche Schüler ist ihr Lehrer der einzige Lichtblick in einem sonst düsteren Leben S. 15

→ Informationen über die Kooperationsbereitschaft der Eltern S. 17   → Informationen über Leistungsaspekte der Schüler S. 17   → Informationen über sozial-emotionale Aspekte der Schüler und die Klassendynamik S. 18   → Wie der Lehrer die

Anhang

Teil 1

Was dieses Buch Ihnen bietet

1.1 Was ist Classroom-Management?

Wumm – was ist das? Sie stehen gerade an der Tafel und sehen noch, wie der nasse Schwamm an die Wand prallt. Bei Ihnen läuten alle Alarmglocken. Jeder weiß, das ist ein Ernstfall. Wie reagieren Sie? Sind Sie auf eine solche Situation vorbereitet? Oder müssen Sie »aus dem Bauch heraus« reagieren?

Während Ihrer Ausbildung wurden Sie, wie die meisten Lehrer, auf derartige Situationen nicht vorbereitet – und dennoch geschehen sie täglich tausende Male in allen Klassenzimmern weltweit: Wenn Sie jetzt keine klaren Vorstellungen eines wirkungsvollen Classroom-Managements haben, sind Sie als Lehrer gegenüber Ihren Schülern immer im Hintertreffen. Wenn Sie kein Genie der Schlagfertigkeit sind, das immer wieder intuitiv – und vor allem jetzt, in diesem Moment – die richtige Form findet, mit der Situation umzugehen, dann sind Sie nicht nur jetzt verloren, sondern Ihre Position bei Ihren Schülern ist langfristig beschädigt. Aber selbst wenn Sie so hervorragende soziale Kompetenzen hätten: Es kostet Sie auf lange Sicht unvergleichlich viel Energie, Zeit und Nerven, wenn Sie sich für jede Disziplinlosigkeit Ihrer Schüler eine passende eigene Antwort erst noch einfallen lassen müssen. Als Lehrer haben Sie tagtäglich so viel zu tun, dass es am besten ist, wenn es gar nicht so weit kommt. Und genau das ist das Ziel von *Classroom-Management.*

Die Aufgaben, denen sich der Lehrer gegenübersieht, sind extrem anspruchsvoll. Er steht nicht nur vor einem einzelnen Kind – wobei es schon schwierig sein kann, ein einzelnes Kind gut zu unterrichten. Er steht vor einer Gruppe von Kindern mit völlig unterschiedlichen Lernvoraussetzungen und kulturellem Hintergrund. Aus dieser heterogenen Gruppe soll er eine Klasse formen, sie nach und nach mit akademischen Fertigkeiten vertraut machen und ihr auch noch die Grundlagen des sozialen Umgangs miteinander beibringen.

Wie soll der Lehrer all diese unterschiedlichen Anforderungen bewältigen? Viele meinen: mit Liebe und Zuwendung. Diese Ansicht ist falsch. Liebe ist zwar die Grundlage des Unterrichtens. Aber ohne Management-Expertise ist sie machtlos. Wenn der Lehrer seine Klasse nicht angemessen führen kann, wird er zum Spielball seiner Schüler. Auch wenn er sie noch so sehr liebt.

> Guter Unterricht basiert auf einer guten Lehrer-Schüler-Beziehung *plus* der Classroom-Management-Expertise des Lehrers.

Dieses Buch will Ihnen als Lehrerin bzw. Lehrer die Freude am Lehren und Unterrichten wieder zurückgeben, indem es Sie dabei unterstützt, Ordnung in der Klasse zu schaffen und kooperative Beziehungen zwischen Lehrer, Schülern und Eltern herzustellen.

Effektives Classroom-Management:
- gilt als Hauptqualitätsmerkmal guten Unterrichts (Helmke 2003)
- und spart dem Lehrer Nerven, Zeit und Anstrengung (Jones 2000).

Es ist aber auch ein Buch für all diejenigen Eltern, die mit dem Lehrer ihres Kindes gut zusammenarbeiten wollen. Denn es zeigt ihnen, wie anspruchsvoll gutes Unterrichten ist, und fördert damit ihr Verständnis für die oft enormen Herausforderungen, denen Lehrer gegenüberstehen.

Drei Bitten, bevor Sie mit diesem Buch arbeiten:
- Benutzen Sie die Vorschläge als Anregungen, nicht als Rezepte. Schneiden Sie sie für Ihren Kontext passgenau zu.
- Überprüfen Sie, ob sie mit dem juristischen Hintergrund Ihrer Schule kompatibel sind.
- Lesen Sie dieses Buch nicht einfach nur durch. Am meisten profitieren Sie, wenn Sie nach der Lektüre mehrere Kollegen beim Unterrichten unter den in diesem Buch beschriebenen Gesichtspunkten beobachten. Sie werden überrascht sein, wie spannend das ist. Laden Sie auch Ihnen sympathische Kollegen in Ihr Klassenzimmer ein. Lassen Sie sich Tipps geben, wie Sie Ihre Classroom-Management-Expertise steigern können.

Dieses Buch vermittelt Ihnen die wichtigsten Grundlagen zum Classroom-Management. Wichtige angrenzende Bereiche wie z. B. der Aufbau einer Wertekultur, die Förderung von Neugier und Fehlertoleranz oder kooperatives Lernen müssen aus Platzgründen leider ausgespart oder können nur kurz behandelt werden.

Bei Begriffen wie Lehrer/Lehrerin, Schüler/Schülerin ist im Text einzig und allein aus Gründen der Lesbarkeit meist die männliche Form gewählt; die Namen, die im Text vorkommen, sind anonymisiert.

1.2 Warum ist Classroom-Management so wichtig?

→ **Classroom-Management als Hauptqualitätsmerkmal guten Unterrichts**

»Die internationale Forschung zeigt, dass kein anderes Merkmal so eindeutig und konsistent mit dem Leistungsniveau und dem Leistungsfortschritt von Schulklassen verknüpft ist wie die Klassenführung. Die effiziente Führung einer Klasse ist eine Vorausbedingung für anspruchsvollen Unterricht: Sie optimiert den zeitlichen und motivationalen Rahmen für den Fachunterricht« (Helmke 2003, S. 78). Harry K. und Rosemary T. Wong (2004) meinen:»Es kommt auf den Lehrer an. Wie der Lehrer seine Klasse führt, entscheidet letztlich, ob und wie viel seine Schüler lernen.«

Classroom-Management ist die Voraussetzung für guten Unterricht.

→ **Erst ein geordnetes Klassenzimmer ermöglicht gute Beziehungen**

Menschen sehnen sich nach guten Beziehungen – junge Menschen ganz besonders. Wenn die Beziehungen zwischen Schüler und Lehrer und zwischen Schüler und Schüler stimmen, lernen Schüler besser. Gute Beziehungen zwischen dem Lehrer und seinen Schülern, aber auch unter den Schülern stellen sich nicht ein, wenn es im Klassenzimmer drunter und drüber geht. Erst Classroom-Management schafft die Voraussetzungen dafür, dass gute Lehrer-Schüler-Beziehungen wachsen und ein gutes Klassenklima gedeiht.

→ **Mangelnde Disziplin ist der stärkste Belastungsfaktor für Lehrer**

»Die mit Abstand häufigsten Lehrer-Schüler-Konflikte haben mit Disziplin zu tun« (Nolting 2006) – und sind für den Lehrer besonders aufreibend. Classroom-Management setzt genau dort an.

→ **Disziplinprobleme schädigen das Image der Schule**

Disziplinprobleme vergiften nicht nur das Klima im Klassenzimmer, sondern sie treiben die Eltern in Opposition zum Lehrer. Das Ansehen der Schule in der Öffentlichkeit nimmt schweren Schaden.

→ **Disziplinprobleme verstärken die Gefahr von Gewalthandlungen an der Schule**

Der gefährliche Cocktail, aus dem Gewalthandlungen hervorgehen, hat auch mit der Schule zu tun. Ein aggressives Klima an der Schule, schlechte Beziehungen zum Lehrer, Misstrauen zwischen Eltern und Lehrer, gegenseitiges Schikanieren unter Schülern – all dies kann dazu beitragen, dass sich Schüler besonders gewalttätig verhalten.

→ **Für manche Schüler ist ihr Lehrer der einzige Lichtblick in einem sonst düsteren Leben**

Von intakten Familienverhältnissen, die Orientierung und emotionalen Rückhalt geben, können manche Schüler nur träumen. Leider. Wie Emmy Werner, eine der Mitbegründerinnen der Resilienzforschung, schon 1992 zeigen konnte, kann die Beziehung zu ihrem Lehrer für diese Schüler der Rettungsanker in ihrem deprimierenden Leben werden – aber nur, wenn er Ruhe und Sicherheit ausstrahlt. Und dazu muss sein Klassenzimmer geordnet sein. Genau darum geht es beim Classroom-Management.

Teil 2

Ein guter Start

2.1 Die Vorbereitung des ersten Schultags

Der erfolgreiche Lehrer beginnt seine Vorbereitungen längst vor dem ersten Schultag. Je mehr er über seine Schüler weiß, desto besser kann er sich auf sie einstellen. Dabei stützt er sich auf Informationen seines Vorlehrers: nicht um dessen Beurteilungen und Ansichten blind zu übernehmen, sondern um sich einen ersten Eindruck zu verschaffen und seine Vorbereitungen danach auszurichten.

> Der wichtigste Tag im Leben eines Schülers ist nicht der Tag der Zeugnisausgabe, sondern der erste Schultag.

→ **Informationen über die Kooperationsbereitschaft der Eltern**
Ein besonderes Augenmerk wird der Lehrer auf diejenigen Eltern richten, zu denen sein Vorgänger eine »schwierige« Beziehung hatte. Um zu diesen Eltern eine Beziehung aufzubauen, muss er mehr investieren als bei anderen.

→ **Informationen über Leistungsaspekte der Schüler**
Eigentlich kann der Lehrer gar nicht richtig unterrichten, wenn er nicht beispielsweise über den Stand der Deutschkenntnisse

seiner Migrantenkinder Bescheid weiß oder darüber, ob ein Schüler von ADHS (Aufmerksamkeitsdefizit-Hyperaktivitäts-störung) betroffen ist, ob er Legastheniker ist oder auditive Erfassungsprobleme hat (anders gesagt: Probleme bei der auditiven Kurzzeit-Speicherung).

→ **Informationen über sozial-emotionale Aspekte der Schüler und die Klassendynamik**
Folgende Informationen sind für den Lehrer von Bedeutung:
- Gibt es besonders schwierig zu führende Schüler, wie z.B. ADHS-Schüler mit oppositionell-aggressivem Verhalten?
- Welchen Schülern fällt es besonders schwer, an sie gestellte Anforderungen nachzukommen?
- Welche Schüler haben eine gute soziale Ader?
- Gibt es Außenseiter?
- Gibt es Schüler, die häufig versuchen, den Unterricht zu stören?
- Gibt es Spannungen zwischen rivalisierenden Gruppen?
- Gibt es Migrantenkinder? Wie sind sie in der Klasse integriert?
- Wie ist das Klima in der Klasse?
- Ist die Klasse schwierig zu führen?

> Guter Unterricht beginnt lange vor dem ersten Schultag.

→ **Wie der Lehrer die Vorab-Informationen über seine Schüler und die Klasse nutzt**

> Gute Vorab-Informationen über die Schüler erleichtern dem Lehrer die Unterrichtsplanung, den Einstieg in den Unterricht und das Classroom-Management.

Wie der Lehrer Informationen über Leistungsaspekte seiner Schüler berücksichtigt: Die oben erwähnten Informationen beeinflussen nicht nur die Unterrichtsplanung und den Unterricht, sondern sind bereits vorher von Bedeutung, z.B. was den Sitzplatz eines ADHS-Schülers anbelangt; dieser soll natürlich in der Nähe des Lehrers sein. Schüler mit auditiven Erfassungsproblemen brauchen kleinschrittige, visuell unterstützte Erklärungen, auf die sie jederzeit zurückgreifen können, da sie sonst die Anweisungen ihres Lehrers oder einen Teil davon vergessen. Bei Schülern mit schlechten Deutschkenntnissen muss der Lehrer überprüfen, ob sie seine Ausführungen überhaupt exakt verstanden haben. Die Frage: »Hast du verstanden, was ich erklärt habe?«, hilft dabei in der Regel nicht weiter, weil die meisten Schüler »ja« antworten. Besser ist es, wenn sich der Lehrer von solch einem Schüler den Auftrag noch einmal erklären lässt; zusätzlich muss er überlegen, ob er z.B. für diese Schüler einen Kleingruppenarbeitsplatz im Klassenzimmer einrichtet, an dem er sie unterstützen kann.

Wie der Lehrer Informationen über sozial-emotionale Aspekte der Schüler und die Klassendynamik berücksichtigt: Wenn der Lehrer seine Schüler in Kleingruppen arbeiten lässt, muss er bei der Gruppeneinteilung die Beziehungsdynamik unter seinen Schülern berücksichtigen. Wenn es in der Klasse Gruppen rivalisierender Schüler oder Außenseiter gibt, so wird er auf keinen Fall die Schüler ihre Gruppen einteilen lassen, sondern dies selbst tun. Sogar die Größe von Kleingruppen hängt von der Beziehungsdynamik in der Klasse ab. Je angespannter die Beziehungen unter den Schülern sind, desto kleiner müssen Arbeitsgruppen sein. Um einen Außenseiter besser zu integrieren, wird der Lehrer ihn in eine Arbeitsgruppe von Schülern mit guten sozialen Kompetenzen einteilen. Und er wird diese

Kleingruppe über eine längere Zeit hinweg zusammenarbeiten lassen.

Je »schwieriger« eine Klasse ist, desto mehr muss sich der Lehrer gerade zu Beginn eines neuen Schuljahres um ein stringentes Classroom-Management kümmern. Er muss damit rechnen, dass die Schüler häufiger als in anderen Klassen gegen Regeln verstoßen, zu spät zum Unterricht kommen, die Hausaufgaben nur teilweise erledigen usw. Und dass es schwieriger sein wird, ein geordnetes Klassenzimmer aufzubauen.

So geht er vor:

- Er erklärt wiederholt und detailliert seine Erwartungen und überprüft, was die Schüler davon verstanden haben.
- Er erklärt genau, welche Verfahrensabläufe ihm zu Beginn besonders wichtig sind, übt sie ein und wiederholt sie so lange, bis seine Schüler sie beherrschen.
- Er achtet auf kleine Fortschritte seiner Schüler und lobt sie dafür.
- Er investiert viel in eine gute Beziehung zu seinen Schülern.
- Er achtet besonders darauf, dass seine Schüler seine Standards, Erwartungen und Anweisungen korrekt einhalten.
- Er registriert besonders aufmerksam alles, was in der Klasse geschieht, und reagiert prompt auf Störungen.
- Er ist mental auf mögliche Schwierigkeiten eingestellt.

All diese Aspekte sind zentrale Inhalte dieses Buches. Sie erfahren später mehr darüber.

> Je »schwieriger« die Klasse – desto wichtiger der Start.

2.2 Die Organisation des Klassenzimmers

Eine gute Organisation des Klassenzimmers reduziert Störungen und macht den Unterricht flüssiger.

→ Grundlegende Überlegungen

Die Einrichtung des Klassenzimmers richtet sich auch nach den Informationen zu den oben gerade genannten Aspekten. Es gelten folgende Grundsätze:

- Der Lehrer organisiert die Einrichtung seines Klassenzimmers so, dass er bei allem, was er tut, jederzeit alle Schüler gut im Blick hat.
- In jedem Klassenzimmer gibt es »Autobahnen und verkehrsreiche Plätze«. Beide müssen frei von Staus sein. Sie dürfen nicht durch Taschen, Tische usw. verstopft sein, denn der Lehrer muss auf ihnen schnell und problemlos mögliche Brennpunkte im Klassenzimmer erreichen.
- Orte, an denen sich wichtiges und häufig gebrauchtes Arbeitsmaterial befindet, müssen so weit voneinander entfernt liegen, dass es auch dann, wenn sich die Schüler dort mit Material versorgen, keine Staus gibt, die die Schüler zur Unruhe verleiten.

→ Die Tische der Schüler

Wo die Tische stehen, hängt von der Unterrichtsform ab. Wenn die gesamte Klasse unterrichtet wird, können die Tische in U-Form oder in Reihen stehen. Wenn hingegen die Schüler überwiegend in kleinen Gruppen arbeiten sollen, dann ist es sinnvoll, dass der Lehrer zwei oder mehr Tische zusammenstellt, je nach Anzahl der Schüler, die dort sitzen sollen. Kriterium ist in diesem Fall, dass die Schüler problemlos gegenseitigen Blickkontakt haben und gut zusammenarbeiten können.

Viele Lehrer möchten mit einem oder einigen Schülern an einem Extra-Tisch arbeiten. Der Lehrer organisiert dort seinen Platz so, dass er die ganze Klasse immer im Blick hat. Wenn dieser Arbeitsplatz fest eingerichtet ist, gibt es weniger Störungen, als wenn die Schüler jedes Mal erst Tische und Stühle umstellen müssen, um ihn einzurichten.

> Ein gut eingerichtetes Klassenzimmer ermöglicht dem Lehrer den kürzesten Weg zu jedem Schüler und zu jedem möglichen Brennpunkt im Klassenzimmer.

→ **Das Lehrer-Pult**

Manche Lehrer positionieren ihr Pult vorne im Klassenzimmer, zwischen sich und den Schülern. Zwar hat der Lehrer dann, wenn er hinter seinem Tisch steht, die Klasse vor sich und im Blick, aber – und das ist ein großer Nachteil – er hat eine viel zu große Distanz zu seinen Schülern. Dabei sind die Disziplinprobleme eines Lehrers direkt proportional zur Distanz, die er zu seinen Schülern hat (Wong & Wong 2004). Hingegen spricht eine räumliche Nähe zu ihrem Lehrer die Schüler stärker an, was das Stören reduziert. Zusätzlich kann der Lehrer schneller und unauffälliger auf Störungen reagieren, wenn er sowieso gerade wie zufällig in der Nähe störender Schüler ist.

> Maximiere deine Nähe, um Probleme zu minimieren (Wong & Wong 2004).

→ **Wände und Tafeln**

Manche Klassenzimmer sind zwar sehr schön eingerichtet – die vielen Informationen, Bilder, Tabellen, Collagen usw. an den Wänden überfordern aber die Aufnahmekapazität vieler Schüler. Der Schüler soll schnell und selbstständig auf diejenigen

Informationen an Tafel oder Wand zugreifen können, die er gerade braucht. Dabei verlangt eigentlich jedes Fach eine Extra-Planung. Eine Anlaut-Tabelle etwa ist für die Schüler im Deutschunterricht der ersten Klasse sinnvoll, für den Mathematikunterricht brauchen sie diese nicht.

Sinnvoll ist eine zweigeteilte Tafel mit einem Feld für die Aufgaben während der Unterrichtsstunde und einem Feld für die Hausaufgaben. Unbedingt ist Extra-Platz für visuelle Unterrichtshilfen nötig.

→ Klassenregeln

Die Klassenregeln befinden sich an einem prominenten und von allen gut einsehbaren Ort. Sie sind in großer Schrift verfasst und deutlich von allen anderen Informationen abgesetzt. Wenn sie an einer seitlichen Wand oder gar an der im Rücken der Schüler liegenden Wand hängen, vermittelt dies implizit die Botschaft, sie wären nicht wirklich wichtig.

Die Klassenregeln befinden sich zusätzlich auf Seite 1 des Hausaufgabenhefts.

→ PC-Arbeitsplätze

PC-Arbeitsplätze sind so eingerichtet, dass der Lehrer mit einem Blick überprüfen kann, was die Schüler arbeiten – vor allem, wenn es Internetanschluss gibt. Pro PC-Arbeitsplatz dürfen nicht zu viele Schüler arbeiten, sonst entsteht dort nur Unruhe. Der Lehrer muss seinen Schülern den Gebrauch des PC-Arbeitsplatzes und die dort geltenden Regeln im Detail erklären.

Falls der PC über einen Internet-Anschluss verfügt, lässt sich der Lehrer von jedem Schüler und dessen Eltern ein Formular unterschreiben, in dem sich der Schüler verpflichtet, das Internet nur zu schulischen Zwecken zu benutzen.

→ **Material**

In der Klasse lagert eine Menge an Material. Es soll so angebracht sein,

- dass die Schüler genau wissen, wo sich was befindet; dazu
muss es beschriftet sein;
- dass die Schüler ungehindert Zugang zu den wichtigsten
Materialien haben.

→ **Sitzordnung bei einer unruhigen Klasse**

Unruhe wird durch eine »Bühne« mit Zuschauern genährt.
Wenn die Tische in U-Form angeordnet sind, sieht jeder Schü-
ler, was jeder andere macht. Unruhigen Schülern bietet diese
Sitzanordnung eine hervorragende Kulisse für Störverhalten.

Die herkömmliche Reihenform bietet hingegen die wenigs-
ten Blick- und Kontaktmöglichkeiten für die Schüler. Bei unruhigen Klassen und bei Schülern der ersten Klassen ist sie deshalb anderen Formen vorzuziehen.

2.3 Die Zusammenarbeit zwischen Eltern und Schule

Das zufällige Treffen des Autors mit einem befreundeten Vater
wirft ein bezeichnendes Licht auf die gespaltene Beziehung
zwischen Elternhaus und Schule; obwohl wir uns viele Monate
nicht mehr gesehen hatten, kam mein aufgebrachter Bekannter
sofort zur Sache: »Unmöglich, was die Lehrer für hirnrissige
Aufgaben stellen«, platzte es aus ihm heraus. Und natürlich
hatte er sofort eine ganze Reihe an Beispielen parat. Auf meine
Frage: »Und wie sieht das deine Frau?«, kam die prompte Antwort: »Natürlich wie ich.« Sein Sohn, um den es dabei ging,
stand direkt daneben.

Natürlich kann es sein, dass sich der Lehrer ungünstig verhalten hat. Statt aber das Gespräch mit dem Lehrer zu suchen, verurteilen ihn viele Eltern vorschnell – und halten mit ihrer negativen Meinung auch gegenüber ihren Kindern nicht hinter dem Berg. Dabei übersehen sie schnell einmal, dass die Situation im Klassenzimmer ganz anders gewesen sein mag, als es ihr Kind zu Hause dargestellt hat.

Das nützt dem Lehrer allerdings herzlich wenig. Warum?

Wenn ein Schüler im Konfliktfall mit seinem Lehrer spürt, dass seine Eltern hinter ihm stehen und gegen seinen Lehrer Partei ergreifen, dann wird er in der Schule seinem Lehrer kaum mehr Folge leisten und auch nicht mehr richtig lernen.

Lehrer schlechtzumachen ist in Deutschland Mode. Ein Verlag war sich nicht dafür zu schade, ein Buch mit dem Titel *Das Lehrerhasser-Buch. Eine Mutter rechnet ab* herauszugeben (Kühn 2005). Und der ehemalige deutsche Bundeskanzler Gerhard Schröder titulierte Lehrer vollmundig als »faule Säcke«.

Da ist es kein Wunder, dass die Beziehung zwischen Schule bzw. Lehrer und Eltern oft vergiftet ist. Dazu hat ebenfalls das Gefühl vieler Eltern beigetragen, dass auch mit guter Absicht begonnene Gespräche mit »schwierigen« Lehrern wenig erfolgversprechend sind und dass das System Schule »schwierige« Lehrer schützt. Das löst bei vielen Eltern Ohnmacht aus. Und Ohnmacht macht unkooperativ und kann sogar in Zynismus oder Wut umschlagen.

Was die Arbeit mit Eltern angeht, steht der Lehrer also vor ganz außergewöhnlichen Herausforderungen. Das in diesem Buch vorgeschlagene Vorgehen verlangt einigen Aufwand und ist auch nicht immer so durchführbar, wie hier beschrieben. Es zeigt aber die Richtung auf, in der sich die Arbeit mit den Eltern bewegen muss: vor allem, wenn es um Schüler mit massiven Disziplinproblemen geht.

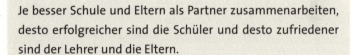

Je besser Schule und Eltern als Partner zusammenarbeiten, desto erfolgreicher sind die Schüler und desto zufriedener sind der Lehrer und die Eltern.

→ **Die positiven Intentionen der Eltern sehen**

Sogar Fachleute übersehen häufig, wenn sie das ungestüme Verhalten eines Vaters wie des oben erwähnten beurteilen sollen, dessen positive Intentionen. Denn vermutlich will er, dass es sein Sohn in der Schule gut hat: selbst wenn er sich konfliktinduzierend verhält – und damit Gefahr läuft, das Gegenteil von dem zu erreichen, was er eigentlich beabsichtigt.

Am besten geht der Lehrer davon aus, dass sich sogar hinter kritischen Aussagen von Eltern meist positive Intentionen verbergen.

Und wie soll der Lehrer konkret vorgehen?

- *Schritt 1:* Er nimmt zunächst einmal die Beschwerden des Vaters zur Kenntnis. Der Vater braucht jetzt das Gefühl, dass ihm der Lehrer wirklich zuhört. Dazu muss der Lehrer »Tempo« rausnehmen – indem er beispielsweise auf einem Flip-Chart jeden einzelnen Beschwerdepunkt des Vaters in Ruhe notiert. »In Ruhe« meint, dass er sich dabei wirklich Zeit nimmt; und dass er versucht, jeden Kritikpunkt genau zu erfassen, indem er zum Beispiel nachfragt: »Meinen Sie das so?« Dieses Vorgehen hat folgende Vorteile:
  - Es entschleunigt die hektische Dynamik des Gesprächs.
  - Es vermittelt dem Vater das Gefühl, gehört zu werden.
  - Es fördert dessen emotionale Distanz und versachlicht die Atmosphäre.
  - Es schützt den Lehrer davor, sich übereilt zu rechtfertigen.

- *Schritt 2:* Lehrer und Vater gewichten die einzelnen Punkte und bringen sie eine Rangreihe.
- *Schritt 3:* Erst jetzt nimmt der Lehrer zu den jeweiligen Punkten Stellung. Dadurch, dass sich beim Vater bis zu diesem Zeitpunkt die Wogen vermutlich schon deutlich geglättet haben, hat jetzt der Lehrer bessere Chancen, seine Meinung vorzubringen, als wenn er auf die erste Beschwerde sofort reagiert hätte.

→ **Warum ist eine gute Beziehung zu den Eltern so wichtig?**

Der 11-jährige Patrick war zu Hause und in der Schule außer Rand und Band. Ich führte ein Gespräch mit Lehrer, Eltern und Patrick.

Der Lehrer musste das Gespräch vorzeitig verlassen. Und plötzlich erklärte Patrick mit Engelsaugen und Unschuldsmine: »Der Lehrer lässt mich nie aufs Klo.« Ich war schockiert. »Ist das möglich?«, fragte ich mich besorgt. Und überlegte mir ernsthaft, ob ich mich in dem Lehrer, von dem ich bisher einen sehr guten Eindruck hatte, extrem getäuscht hatte.

Kinder können unschuldig aussehen, sich in einem Gespräch tadellos benehmen und trotzdem mit allen Wassern gewaschen sein. Seinen Vorwurf gegenüber dem Lehrer hätte Patrick natürlich auch viel früher vorbringen können – nämlich als sein Lehrer noch anwesend war. Aber ganz so unklug war Patrick natürlich nicht. Natürlich war seine Aussage kein bewusst überlegtes Manöver. Dennoch hätte sie fast weitreichende Konsequenzen gehabt: nämlich den Beginn eines Konflikts zwischen Eltern und Lehrer.

Ich arrangierte sofort ein weiteres Gespräch mit Eltern, Lehrer und Patrick. Dort zeigte sich, dass die Geschichte weitestgehend erfunden war. Weil nämlich Patrick in der Vergangenheit während jeder Lektion mehrmals auf die Toilette ging, hatte sein Lehrer beschlossen, dass Patrick dies nur noch während der Pause tun dürfe. Grundsätzlich eine gute Idee – er hatte nur vergessen, Patricks Eltern darüber zu informieren. Und die waren empört, als ihnen Patrick seine Version der Dinge mitteilte. Dieser hat nämlich das *Informationsmonopol* bei seinen Eltern. Natürlich hatte der Lehrer keinerlei Ahnung davon, was Patrick zu Hause über ihn erzählt hatte. Und schon drohte eine vernünftige pädagogische Maßnahme ins Leere zu laufen, weil die Eltern vehement dagegen Stellung bezogen.

Zu Hause wachen also besorgte Eltern genau über das Geschehen in der Schule. Da sie nicht selbst in die Schule gehen, erhalten sie aber keinen eigenen Einblick in das, was dort tatsächlich vor sich geht. Sie orientieren sich stattdessen an dem, was ihr Kind zu Hause über die Schule erzählt. Dies ist aber oft meilenweit von dem entfernt, was dort tatsächlich geschieht, aus welchem Grund auch immer. Wenn aber das, was die Eltern erfahren, nicht ihren hohen Erwartungen entspricht, sind sie sofort alarmiert. Was dann am einfachsten wäre, machen sie so gut wie nie: den Lehrer anrufen. Die ungelösten Probleme der Eltern schwelen im Untergrund weiter. Der Lehrer ahnt nichts davon.

> Der Lehrer hat nicht nur seine Schüler im Klassenzimmer vor sich – sondern immer auch deren Eltern zu Hause. Dort verfügen aber seine Schüler über das Informationsmonopol. Dadurch ist der Lehrer klar im Hintertreffen.

Am besten ist es, wenn der Lehrer einfach davon ausgeht, dass die meisten »schwierigen« Schüler Experten im Gegeneinander-Ausspielen von Lehrer und Eltern sind. Dann ergibt sich das weitere Vorgehen von selbst: nämlich eine enge Kooperationsbeziehung mit schnellen und offenen Informationswegen zwischen Lehrer und Eltern zu etablieren. Der Lehrer muss dazu in der Regel *mehrere Schritte auf die Eltern zugehen*. Wenn er darauf wartet, bis sich die Eltern bei ihm melden, muss er damit rechnen, dass das nie der Fall sein wird. Dann haben Kinder wie Patrick gute Karten. Das Unterrichten wird schwieriger.

> **Die Eltern sind der wichtigste Partner der Schule – umso mehr, je »schwieriger« der Schüler ist.**

→ **Mit den Eltern vor dem ersten Schultag Kontakt aufnehmen**

Es kann außerordentlich wichtig sein, zumindest mit einigen Eltern bereits einen ersten guten Kontakt vor dem ersten Schultag zu etablieren. Zum Beispiel mit Eltern von Schülern wie Patrick – oder mit den Eltern einer schwer zu führenden Klasse.

Elternhaus und Schule sind zwei voneinander getrennte Bereiche mit unterschiedlichen Zuständigkeiten. Die Eltern sind für die Erziehung zu Hause zuständig – der Lehrer ist für alles das zuständig, was in der Schule geschieht.

Der Lehrer muss diese zwei Bereiche und die jeweils damit verbundenen Zuständigkeiten auseinanderhalten, wenn er mit den Eltern eine gute Kooperation aufbauen will. Das bedeutet konkret, dass er Eltern – selbst wenn sie aus seiner Sicht mit der Erziehung überfordert sind – nicht für eventuelle Verhaltensauffälligkeiten des Schülers in der Schule verantwortlich machen darf. Er sollte dies nicht einmal andeuten; denn viele Eltern reagieren darauf sehr gekränkt – und sind in der Folge nicht mehr bereit zu kooperieren.

Schließlich können Eltern das Verhalten ihres Kindes in der Klasse auch nur indirekt beeinflussen, denn sie sind nicht im Klassenzimmer. Somit bleibt es die Aufgabe des Lehrers, mit den Disziplinproblemen seiner Schüler klarzukommen.

Es empfiehlt sich, dass der Lehrer den Eltern gegenüber die

Haltung einnimmt, sie als *Experten* in Bezug auf ihr Kind zu sehen. Herr Streibert sagt im Elterngespräch: »Ich bin froh, mit Ihnen darüber sprechen zu können, wie wir Jonas weiterhelfen können. *Sie kennen ihn am besten und haben die meiste Erfahrung im Umgang mit ihm.* Ich bin davon überzeugt, dass uns ihr Wissen über Jonas weiterhilft.«

Dennoch hängt das auffällige Verhalten eines Schülers häufig mit der Haltung seiner Eltern zusammen. Diese billigen oft unbewusst sein Verhalten, oder sie üben Kritik an der Kompetenz des Lehrers. Das Kind spürt intuitiv, dass seine Eltern nicht hundertprozentig hinter seinem Lehrer stehen. Das gibt ihm Auftrieb, die Autorität des Lehrers herauszufordern. Um auffälligem Verhalten eines Schülers wirksam begegnen zu können, ist es von erheblichem Vorteil, wenn der Lehrer die Eltern hinter sich bringen kann – keine leichte Aufgabe.

Nicht immer ist ein Elternkontakt vor dem ersten Schultag möglich. Dann bietet sich folgendes Vorgehen an:

- Der Lehrer schreibt den Eltern kurz vor Schulstart einen Brief (siehe unten).
- Der Lehrer schreibt seinen Schülern kurz vor Schulstart einen Brief (siehe unten).
- Er verabredet sich mit den Eltern während der ersten zwei bis drei Wochen des neuen Schuljahrs zu einem Gespräch.

→ So könnte ein Brief an die Eltern vor Schulbeginn aussehen

Es ist für viele Eltern ungewohnt, dass sie vor Schulbeginn einen Brief des zukünftigen Lehrers ihres Kindes erhalten. Der Lehrer signalisiert damit, dass ihm die Zusammenarbeit mit ihnen besonders am Herzen liegt. Seine gesamte Kommunikation hat in der Folge zum Ziel, ein gemeinsames Bündnis mit den Eltern herzustellen. Dazu ist oft ein sehr hohes Engagement des Lehrers erforderlich. Aber der Aufwand lohnt sich in jedem Fall, wenn es ihm gelingt, mit anfangs misstrauischen Eltern eine gute Kooperationsbeziehung herzustellen.

Der Brief ist knapp gehalten. Der Lehrer stellt sich zunächst kurz selbst vor und teilt den Eltern seine Telefonnummer oder Mailanschrift mit dem Hinweis mit, dass sie sich bei Fragen gerne an ihn wenden können. Der wichtigste Teil des Briefes lautet etwa:

»Ich möchte mich in den nächsten Tagen gerne mit Ihnen treffen, denn ich möchte Sie darüber informieren, was meine Schüler während der ersten Wochen lernen werden. Sie kennen Jonas am besten und haben die meiste Erfahrung im Umgang mit ihm. Vielleicht gibt es etwas, dass Sie mir mitteilen möchten, damit ich Jonas in der Klasse von Beginn an gut unterstützen kann.

Ihnen ist sicher wichtig, dass Jonas in der Schule gut lernt und Fortschritte machen kann. Das ist auch mein Ziel. Sie wissen auch, dass alle Schüler in der Schule besser lernen, wenn während des Unterrichts niemand stört und alle gut aufpassen. Darüber möchte ich mich gerne mit Ihnen austauschen.

Ich werde Sie in den nächsten Tagen anrufen, damit wir uns treffen können.«

→ **Was tun, wenn Eltern in Ruhe gelassen werden wollen?**

Es gibt Eltern, die dieses Vorgehen schätzen, und andere, die dem Lehrer signalisieren, dass sie sein Vorgehen für übertrieben halten. Sie wirken so, als wollten sie in Ruhe gelassen werden. Nur – wenn dann Probleme mit dem Schüler auftreten, dann ist gerade mit diesen Eltern die Zusammenarbeit am schwersten. Es sind also eher die Eltern, die dem Lehrer vermitteln, er möge sie mit seinen Gesprächen verschonen, um die sich der Lehrer am meisten bemühen muss.

Oft verhalten sich diese Eltern so, weil sie sich im Vergleich zur Schule in einer »Down«-Position fühlen, wie Fachleute sagen: oft deshalb, weil ihre eigene Schullaufbahn nicht dem entsprochen hat, was sie sich im Innersten gewünscht haben.

> »Schwierige« Eltern erreicht der Lehrer nur, wenn er aktiv auf sie zugeht.

→ Der Brief an die Schüler vor Schulbeginn

Auch für die Schüler ist es ungewohnt, dass ihnen ihr zukünftiger Lehrer einen Brief schreibt. Die meisten Kinder oder Jugendlichen erhalten fast nie einen Brief. Deshalb hat ein persönlicher Brief eine besondere emotionale Bedeutung. Er beinhaltet folgendes:

- Der Lehrer stellt sich seinen zukünftigen Schülern vor. Dabei kann er auch kurze persönliche Angaben machen, wie z. B. welche Hobbys er hat, wie lange er schon an der Schule unterrichtet, oder er fügt ein Foto von sich ein.
- Er teilt seinen Schülern mit, dass er sich darauf freut, sie kennen zu lernen.
- Er lädt die Schüler ein, ihn bei Fragen anzurufen.
- Er teilt ihnen mit, welche Materialien sie am ersten Schultag brauchen werden.

→ Der Besuch zu Hause vor Schulbeginn

Es hat viele Vorteile, die Eltern zu Hause zu besuchen, statt sie in die Schule zu bitten:

- Der Lehrer besucht die Eltern in ihrem »Territorium«. Das gibt ihnen Sicherheit. Sie werden innerlich ruhiger und dadurch kooperationsbereiter.
- Den besten Eindruck über die familiäre Situation erhält der Lehrer bei einem Hausbesuch.
- Ein Hausbesuch vermittelt den Eltern Interesse und Ernst-

haftigkeit von Seiten des Lehrers. Sie fühlen sich dadurch wertgeschätzt. Mit einem Hausbesuch koppelt der Lehrer bei Migranteneltern an ihren kulturellen Hintergrund an.

- Unzuverlässige Eltern »vergessen« vielleicht den Termin in der Schule, sind aber vermutlich zu Hause, wenn der Lehrer zum vereinbarten Termin kommt.

Das erste Treffen dauert etwa 20 bis 30 Minuten. So geht der Lehrer vor:

- Er bedankt sich für das Treffen und stellt sich kurz vor.
- Er informiert die Eltern kurz über das während der ersten Wochen geplante Curriculum.
- Er fragt die Eltern, ob sie ihm etwas über ihr Kind berichten möchten, was für die Schule von Bedeutung ist und was ihm dabei hilft, ihr Kind im Unterricht besser zu unterstützen; wichtig ist für den Lehrer zu wissen, ob das Kind gerne in die Schule geht.
- Er spricht das Thema Regeln an, und zwar zuerst im Hinblick darauf, an welche Regeln er sich selbst hält.
- Dann stellt er den Eltern die Klassenregeln mündlich und schriftlich vor.
- Er bespricht mit den Eltern mögliche Informationswege wie z. B. das Lobbuch, Telefon usw.
- Er überreicht den Eltern folgende schriftliche Informationen: seinen Namen, seine Telefonnummer und Mailanschrift; eine Aufstellung der Regeln, an die er sich selbst hält; die Klassenregeln.
- Am Schluss des Gesprächs bittet er die Eltern darum, sich an sie wenden zu dürfen, falls dies, aus welchen Gründen auch immer, wichtig wäre: »Ich möchte Sie gerne anrufen, wenn ich Ihre Unterstützung brauche. Sind Sie damit einverstanden?«

> Bei »schwierigen« Klassen braucht der Lehrer eine gute Beziehung zu den Eltern seiner Schüler, *bevor* die ersten Probleme auftauchen.

→ **Mit Eltern über Regeln sprechen**

Das Gespräch mit Eltern ist dann besonders schwierig:

- Wenn sie meinen, Regeln könnten grundsätzlich die Entwicklung ihres Kindes einschränken und ihr sogar schaden.
- Wenn sie selbst eine schwierige Schulzeit hinter sich hatten und jetzt tendenziell allem, was mit der Schule zu tun hat, ablehnend und misstrauisch gegenüberstehen.
- Wenn sie meinen, Regeln seien einzig und allein für den Lehrer von Vorteil.

→ **Sie als Lehrer halten sich auch an Regeln!**

Bevor der Lehrer den Eltern die Klassenregeln erklärt, teilt er ihnen mit, welche Regeln für *ihn selbst* bindend sind. Damit vermittelt er,

- dass sich nicht nur seine Schüler an Regeln halten müssen, sondern dass er selbst bereit ist, das zu tun, was er von anderen einfordern wird;
- dass er bereit ist, sich an klaren Standards messen zu lassen;
- Souveränität und Sicherheit.

Der Lehrer vermittelt damit aber auch, dass es ohne Regeln nicht geht. Denn warum hätte er sonst sich selbst Regeln auferlegen sollen? Regeln an die sich der Lehrer hält, könnten z. B. sein:

- Ich behandle euch mit Respekt.
- Ich sorge für ein gutes Lernklima.
- Ich bin bereit, die Aufgaben so lange zu erklären, bis sie jeder verstanden hat.

Der Lehrer ist für seine Schüler das wichtigste Vorbild in Bezug auf die Regeleinhaltung.

→ **Warum Regeln? Den Eltern die Rolle und die Bedeutung erklären**

Gerade mit den Eltern, die Regeln kritisch gegenüberstehen, drohen eher Konflikte, was die Einhaltung der Schul- und Klassenregeln durch ihr Kind anbelangt. Der Lehrer kann den Sinn von Regeln am besten erklären, wenn er an den Zielen und Werten ankoppelt, die die Eltern für ihr Kind in der Schule haben. Die Hauptziele fast aller Eltern für ihr Kind sind,

- dass ihr Kind in der Schule erfolgreich ist;
- dass es eine gute Beziehung zum Lehrer hat;
- dass es mit seinen Klassenkameraden gut auskommt.

Herr Streibert sagt im Elterngespräch: »Ihnen ist doch sicher wichtig, dass Jonas in der Schule gut lernt und Fortschritte machen kann. Sie wissen auch, dass er mehr Fortschritte in der Klasse macht, wenn er während des Unterrichts nicht gestört wird und gut aufpassen kann. Wenn aber 30 Kinder und mehr in einer Klasse zusammen sind und es keine klaren Regeln gibt, an die sich alle halten, dann geht es schnell mal drunter und drüber. Klar, dass dann auch niemand richtig lernen kann. Ich lege deshalb großen Wert auf Regeln, weil es dann in der Klasse leiser ist, weil weniger gestört wird und alle besser lernen können. Haben Sie eine Anregung dazu?«

Der Lehrer sollte nicht fragen: »Was meinen Sie dazu?«, oder gar: »Sind Sie damit einverstanden?« Denn das könnten Eltern als Aufforderung auffassen, mit dem Lehrer über Regeln zu diskutieren oder sich gar als Berater des Lehrers zu fühlen. Damit würde er seine Position selbst schwächen. Letztlich muss der Lehrer bestimmen, was bei ihm in der Klasse gilt und was nicht. Deshalb muss das Gespräch mit den Eltern Informationscharakter haben.

Wenn Eltern eine Regel völlig inakzeptabel finden sollten, sagt Herr Streibert: »Vielen Dank für Ihre Anregung. Ich werde darüber nachdenken. Bitte haben Sie Verständnis dafür, dass ich Ihnen jetzt nichts versprechen kann.« Dann lenkt er zum nächsten Thema über.

Falls die Eltern ablehnend bleiben, notiert er dies. Er wird in Zukunft immer wieder mal Kontakt mit ihnen aufnehmen.

An den ersten Schultagen fertigt er, nach Rücksprache mit Jonas, ein elektronisches Foto an, das ihn beim Lernen zeigt. Das sendet er per MMS an die Eltern, mit dem Text: »Jonas beim Lernen, viele Grüße, Herr Streibert«. Oder er schreibt ins Lobbuch: »Jonas hat heute im Turnen prima mitgemacht«. Wenn er so verfährt, dann erleichtert ihm dies später, falls nötig, auch ernsthaft mit den Eltern über die schwierigen Seiten des Schülers zu sprechen bzw. über das, was der Schüler noch lernen muss, um im Unterricht erfolgreich zu sein.

> Je misstrauischer oder »schwieriger« Eltern sind, desto mehr sucht der Lehrer nach positiven Seiten des Schülers und teilt sie den Eltern mit. Denn Erfolge ihrer Kinder machen Eltern kooperativer.

→ **Migranteneltern**

Wer sein Kind Erwachsenen anvertraut, deren Sprache er nicht oder nur teilweise beherrscht, ist schnell verunsichert und wird misstrauisch. Migranteneltern ist bewusst, dass in der Schule die Weichen für die berufliche Zukunft ihres Kindes gestellt werden; das macht sie noch besorgter, wenn Probleme, welcher

Art auch immer, auftauchen, und erschwert, zusätzlich zu den sprachlichen Problemen, die Zusammenarbeit mit ihnen.

Weitere Faktoren, die der Lehrer bei der Zusammenarbeit mit Migranteneltern berücksichtigen muss:

- Die Sitten und Gebräuche des fremden Gastlandes sind den Migranteneltern meist nur unzureichend bekannt.
- Das völlig andere Schulsystem.
- Der spärliche Kontakt zu den Bewohnern des Gastlandes.
- Der häufig anzutreffende bildungsferne Hintergrund von Migranteneltern.
- Gerüchte und oft falsche Vorinformationen über die Lehrer, die Schule und das Bildungssystem des Gastlandes.
- Die objektiv schlechteren Bildungschancen von Migrantenkindern.

Wenn ihr Kind in die Schule eintritt, stellen sich Migranteneltern eine Reihe von Fragen:

- Wie wird unser Kind vom Lehrer aufgenommen? Kümmert er sich um unser Kind, wenn es Schwierigkeiten hat oder wenn es ihm nicht gutgeht?
- Ist der Lehrer fair zu unserem Kind?
- Kommt unser Kind mit seinen Mitschülern gut aus?
- Wird es in der Schule erfolgreich sein?
- Welches Verhältnis hat der Lehrer zu unserer Kultur?
- Entfremdet sich mein Kind durch den Schulbesuch von uns als Eltern und von unserer Kultur?

Je früher der Kontakt zu Migranteneltern stattfindet, desto besser. Dabei muss eine einwandfreie Kommunikation zwischen Eltern und Lehrer möglich sein. Das heißt, wo nötig muss der Lehrer einen Übersetzer hinzuziehen oder eine andere Person, die diese Aufgabe kompetent bewältigen kann. Natürlich sind die Geschwister des Schülers oder der Schüler selbst als Übersetzer ungeeignet.

Darüber hinaus empfiehlt es sich unbedingt, dass die Schule folgende Kontakte knüpft und pflegt:

- zu den Organisationen der jeweiligen Migrantengruppen;
- zu Migranteneltern, die besonders offen und kooperationsbereit sind.

Warum? In Konfliktsituationen können diese eine Art Vermittlerfunktion zwischen den Anliegen ihrer Landsleute und denen der Schule einnehmen. Sie genießen häufig das Ansehen und Vertrauen der Migranteneltern. Sie kennen deren Kultur, aber auch die des Gastlandes.

2.4 Der erste Schultag

Wie der Lehrer während der ersten Schultage handelt, was er macht und was er unterlässt, entscheidet über seinen Erfolg während des ganzen Schuljahrs.

→ **Wer entscheidet, wo die Schüler sitzen?**

Es hat eine Reihe von Vorteilen, wenn der Lehrer festlegt, wo welcher Schüler sitzt: Wenn die Schüler ihre Plätze selbst aussuchen dürfen, verdrücken sich leistungsmäßig schwächere und »schwierige« Schüler in die hinteren Bänke. Beim Gerangel um die »besten« Plätze sind Chaos und Durcheinander vorprogrammiert. Schon meldet sich der erste Schüler weinerlich mit den Worten: »Herr Schneider, das ist mein Platz. Jetzt hat Bastian ihn mir weggenommen.« Was jetzt? Natürlich hat Herr Schneider in all dem Durcheinander nicht überblicken können, wer als Erster auf diesem Platz saß. Schon spürt er, dass er eine Entscheidung fällen soll, die er gar nicht wirklich fällen kann. Die erste Schulstunde ist noch keine zwei Minuten alt, und schon befindet sich Herr Schneider im Zentrum eines Konflikts, den er auch noch selbst mit heraufbeschworen hat.

→ Wie der Lehrer seine Schüler begrüßt

Die Beziehungsdefinition zwischen Lehrer und Schüler beginnt in der ersten Sekunde des ersten Zusammentreffens.

Wie sich der Lehrer beim ersten Zusammentreffen mit seinen Schülern verhält, prägt die weitere Beziehung zwischen ihm und seinen Schüler. Es beeinflusst,

- wie viel Respekt die Schüler ihrem Lehrer während des Rests des Schuljahres entgegenbringen;
- wer in der Klasse die Regeln definiert;
- ob Konflikte zwischen Lehrer und Schüler konstruktiv gelöst werden oder in Form unproduktiver Machtkämpfe;
- wie das Image des Lehrers in der Klasse sein wird;
- wie die Schüler ihren Lehrer als Mensch erleben.

Natürlich überlässt der Lehrer eine derart elementare Begegnung nicht dem Zufall.

Wie der Lehrer in dem Augenblick, in dem seine Schüler das erste Mal das Klassenzimmer betreten, reagiert, kommuniziert jedem Schüler sofort, ob ihn sein Lehrer willkommen heißt oder nicht. Je freundlicher und aufgeschlossener der Lehrer seine Schüler empfängt, desto eher werden sie seine Anweisungen befolgen. Je unfreundlicher und bedrohlicher dies der Lehrer tut, desto weniger werden sie kooperieren und desto mehr

Widerstand werden sie leisten. Und dazu haben Schüler unendlich viele Möglichkeiten.

Der erfolgreiche Lehrer lässt seine Schüler also nicht einfach
irgendwie ins Klassenzimmer laufen. Er hat, wenn möglich, bereits die Namen aller Schüler auswendig gelernt, z. B. an Hand
einer Liste mit Namen und Photos seiner Schüler. Wenn er jetzt
seine Schüler an der Klassenzimmertür mit Handschlag begrüßt und ihre Namen schon kennt, zeigt er damit sein Interesse an ihnen als Mensch. Natürlich muss ein Fachlehrer, der
beispielsweise fünf Klassen unterrichtet, ein anderes Vorgehen
wählen, indem er z. B. Namenskärtchen anfertigt und diese jeweils vor Unterrichtsbeginn auf den Tischen aufstellt.

Jetzt kann sich der Lehrer sofort wieder auf den Ablauf der
ersten Stunde konzentrieren. Das ist auch nötig, denn es gilt ja,
von der ersten Minute an präsent zu sein. Wenn der Lehrer die
Namen seiner Schüler noch nicht kennt, dann ist er dazu verführt, sich jetzt vielleicht die ersten Namen seiner Schüler ein-
prägen zu wollen. Das lenkt ihn allerdings ganz erheblich vom
weiteren Unterrichten ab. Man kann nicht gleichzeitig zwei
derart anspruchsvolle Dinge tun – die Fachleute sprechen von
cognitive overload (in etwa: kognitive Überlastung) – wie Ge-
sichtern und Menschen Namen zuordnen und sich auf ein so
komplexes Geschehen wie das Unterrichten konzentrieren.

Wenn sich der Lehrer dafür entscheidet, seinen Schülern ihren Sitzplatz vorzugeben, dann hat er bereits auf jedem Tisch
ein großes, gut sichtbares Namensschild angebracht. Zusätzlich
hat er einen Plan in der Hand, auf dem er alle Tische und die
Namen seiner Schüler verzeichnet hat. Dann erklärt er Luigi,
was er von ihm erwartet: »Luigi, dein Tisch befindet sich dort.«
Er zeigt hin.

Im Voraus hat der Lehrer zusätzlich ein Blatt mit der ersten
Aufgabe auf dem Tisch jedes Schülers deponiert. Deshalb fährt

er fort: »Du findest auf deinem Tisch ein Aufgabenblatt. Fülle es bitte aus, ich denke, es wird dir gefallen.« In dem Moment, in dem sich Luigi auf den Weg zu seinem Platz macht, sagt er: »Danke, Luigi«, blickt ihm in die Augen und nickt ihm kurz zu.

> Wenn der Lehrer entscheidet, wo die Schüler sitzen, demonstriert er damit nonverbal seinen Führungsanspruch bezüglich zentraler Aspekte im Classroom-Management. Wenn er auf diese Position verzichtet, übernehmen sie seine Schüler.

→ **Der Unterricht beginnt mit einer Aufgabe**

In dem Moment, in dem der Unterricht beginnt, steht der Lehrer vor der schwierigen Aufgabe, seine Schüler sofort zum Arbeiten zu bringen. Nur so vermittelt er ihnen, um was es in der Schule geht – nämlich ums Lernen. Und darum, dass die Schüler eine gute Arbeitshaltung entwickeln.

Die erste Aufgabe, die der Lehrer den Schülern stellt, hat zwei Funktionen:

- Sie kommuniziert den Schülern indirekt, dass sie nicht auf dem Spielplatz oder im Kino sind, sondern in der Schule. Hier wird nicht Zeit verträdelt, bis vielleicht endlich alle Schüler eingetroffen sind und an ihrem Platz sitzen, sondern hier wird die Zeit zum Lernen und Arbeiten genutzt.

- Sie beschäftigt die Schüler, die schon an ihrem Platz sitzen, und gibt dem Lehrer Zeit, die nächsten eintretenden Schüler in Ruhe zu begrüßen – und sich um die zu kümmern, die das Klassenzimmer nicht angemessen betreten, in dem sie beispielsweise Mitschüler anpöbeln, stoßen, sich vordrängen usw.

Natürlich muss jeder Schüler exakt wissen, was er als Erstes tun soll. Dazu muss es ihm der Lehrer auf verschiedene Weise mitteilen:

- Er informiert jeden Schüler beim Betreten der Klasse in mündlicher Form.
- Er hat bereits eine Aufgaben-Tafel eingerichtet, auf der er aufgeschrieben hat, was der Schüler als Erstes zu tun hat. In Zukunft wird er alle Aufgaben, die die Schüler zu erledigen haben, auf dieser Aufgaben-Tafel anschreiben, und zwar vor Unterrichtsbeginn – damit er nicht unnötig durchs An-die-Tafel-Schreiben abgelenkt wird.
- Er hat für jeden Schüler ein Aufgabenblatt mit genauen Arbeitsanweisungen auf dessen Tisch deponiert.

> Ein pünktlicher Unterrichtsbeginn, verbunden mit einer Aufgabe, betont die Bedeutung von Lernen und Arbeiten für den Schulerfolg.

Herr Streibert hat folgenden Text auf die Aufgaben-Tafel geschrieben:

Liebe Schülerinnen und liebe Schüler,
WILLKOMMEN in eurer neuen Klasse!
Mein Name ist Stefan Streibert.
Bitte setzt euch an euren Platz und bearbeitet die Aufgabe, die ihr dort findet.
Danke und viel Freude
Stefan Streibert

Kriterien für die erste Aufgabe sind:

- Jeder Schüler soll in der Lage sein, sie zu lösen: Der Schüler muss mit einem Erfolgserlebnis starten.

- Sie soll interessant sein.
- Sie soll kurz sein. Wenige Minuten sind ausreichend.
- Bei unteren Klassen können das spielerische Aufgaben sein.

Gute Lehrer gehen davon aus, dass gute Noten in erster Linie vom *Bemühen* der Schüler abhängen und weniger von angeborenen Merkmalen wie Intelligenz oder von familiären Merkmalen wie Bildungsnähe der Eltern, obwohl auch diese eine wichtige Rolle für den Schulerfolg spielen. Nur kann der Lehrer diese Faktoren nicht beeinflussen. Aber er kann die Lern- und Arbeitshaltung seiner Schüler fördern (Johnson et al. 2005). Den Unterricht mit einer Aufgabe zu beginnen ist der erste Schritt auf diesem Weg.

2.5 Wie der Lehrer Verfahrensabläufe einübt

Gute Verfahrensabläufe machen den Unterricht flüssig und reduzieren Störungen.

Eines der Hauptanliegen im Classroom-Management besteht darin, mit den Schülern Verfahrensabläufe einzuüben, die die Unterrichtsabläufe für sie vorhersehbarer machen. Das reduziert Störungen und macht den Unterricht flüssiger. Solche Verfahrensabläufe sind z. B.:

- Die Art, wie die Schüler das Klassenzimmer betreten.
- Was sie tun sollen, wenn sie etwas nicht verstanden haben.
- Welche Materialien sie jeweils auf dem Tisch haben.
- Wie sie von einer stillen Arbeit in den Kreis wechseln.
- Wie die Hausaufgabenhefte eingesammelt werden.
- Wie und wo sie die Hausaufgaben notieren, usw.

Je klarer jeder Schüler weiß, was er wann wie zu tun hat, umso größer ist die Chance, dass er sich daran hält.

→ **Der erste Verfahrensablauf wird eingeübt**

Damit Verfahrensabläufe für die Schüler zu Gewohnheiten werden, muss sie der Lehrer aber gut einführen und, vor allem zu Beginn des Schuljahres, sorgfältig und regelmäßig üben.

Der erste Verfahrensablauf, den der Lehrer mit seinen Schülern einübt, könnte z. B. lauten: »Jeder Schüler betritt leise das Klassenzimmer, geht ruhig an seinen Tisch und beginnt mit der Aufgabe, die er auf seinem Pult vorfindet«. Das kann natürlich noch nicht jeder Schüler – auch nicht in Herrn Streiberts siebter Klasse. Natürlich ist er auf diese Situation vorbereitet.

Angenommen, Jonas stellt beim Hereinkommen einer Mitschülerin ein Bein. Um was geht es jetzt? Um nichts Geringeres als darum, wer in der Klasse über die Regeln und deren Einhaltung entscheidet. Und wieder geschieht schon Entscheidendes, während das Schuljahr noch keine zwei Minuten alt ist.

Wie reagiert Herr Streibert? Er könnte sich denken: »Heute ist der erste Schultag, da sag ich noch nichts.« Oder: »Ich hoffe, dass es Jonas das nächste Mal besser macht.« Beides ist unangebracht. Der Lehrer läuft schon in der ersten Minute Gefahr, von Jonas disqualifiziert zu werden.

Zu diesem Zeitpunkt warten bereits mehrere Schüler vor der Tür darauf, das Klassenzimmer betreten zu dürfen. Deshalb sagt Herr Streibert zuerst: »Entschuldigt bitte einen Moment, ich komme gleich zu euch.« Natürlich vermeidet er Aussagen wie: »Ich muss nur noch schnell etwas mit Jonas abklären.« Das hätte zwei Nachteile:

- Es signalisiert den Schülern, dass sich Jonas unangemessen verhalten hat, und stellt ihn damit bloß. Bereits beim ersten

Kontakt liefe Herr Streibert Gefahr, sich einen Schüler zum Gegner zu machen.

- Die Aussage »nur noch schnell« vermittelt den Eindruck, als handele es sich bei dem, was Herr Streibert zu tun hat, um eine Nebensächlichkeit.

Nachdem Herr Streibert zu den wartenden Schülern gesprochen hat, wendet er sich Jonas zu: »Jonas, bitte komm zurück. Ich möchte nicht, dass du unser Klassenzimmer so betrittst. Du warst laut und hast Fatma ein Bein gestellt. Wenn du unser Klassenzimmer betrittst, kommst du bitte leise herein. Dann gehst du direkt auf deinen Platz und beginnst mit der Aufgabe, die du auf deinem Tisch findest. Hast du dazu Fragen?«

Nach einer kurzen Pause, bei der Herr Streibert Jonas anblickt, fährt er fort. »Dann zeige mir jetzt bitte, wie du ruhig ins Klassenzimmer kommst, an deinen Platz gehst und mit der Aufgabe beginnst.«

> Gutes Classroom-Management bedeutet, dass der Lehrer klar kommuniziert und entsprechend handelt.

Je leiser Herr Streibert dabei spricht, desto mehr macht er diese Disziplinarangelegenheit zu einer Sache zwischen Jonas und ihm – und schützt ihn damit.

Ist damit alles geklärt? Natürlich nicht! Herr Streibert bleibt an seinem Platz stehen und wendet sich kurz an die noch immer vor der Tür wartenden Schüler: »Bitte wartet noch.« Dann wendet er sich wieder mit seiner ganzen Körperhaltung Jonas zu und beobachtet in Ruhe und ohne ein weiteres Wort zu sagen, ob Jonas kooperiert. In diesem Fall nickt er ihm freundlich zu und sagt: »*Danke*, Jonas.«

> Um Disziplinprobleme zu lösen, muss der Lehrer den Schüler eng begleiten.

Erst jetzt wendet er sich dem nächsten Schüler zu, der bis dahin vor der Tür warten musste, und begrüßt diesen. Direkt danach schaut er noch einmal zu Jonas, um zu überprüfen, ob er auch tatsächlich an seinem Arbeitsblatt arbeitet oder ob er nur so tut, als ob.

Was hat Herr Streibert mit dieser Intervention allen Schülern, die das beobachtet haben, mitgeteilt?

- Da ist ein Lehrer, der Wert auf Ordnung in der Klasse legt.
- Da ist ein Lehrer, der keine langen Reden führt, sondern aus innerer Überzeugung handelt.
- Da ist ein Lehrer, der mit kleinen Gesten viel erreicht.

> Wie der Lehrer die ersten Disziplinprobleme bewältigt, strahlt auf die ganze Klasse aus. Und es stellt die Weichen für das weitere Schuljahr.

Wichtig ist, dass der Lehrer bei dieser ersten wichtigen Auseinandersetzung

- innerlich ruhig und gelassen bleibt;
- davon überzeugt ist, richtig zu handeln;
- das, was er vom Schüler erwartet, konkret beschreibt;
- in kurzen Sätzen spricht;
- sich in keine Diskussionen verwickeln lässt;
- darauf achtet, dass sich Jonas exakt an seine Vorgaben hält und nicht nur ungefähr;
- sich sofort kurz, aber deutlich bedankt, wenn Jonas kooperiert.

> Der Unterricht beginnt mit der ersten Minute des ersten Schultags.

Die Leistungen der Schüler am Jahresende hängen davon ab, wie gut es dem Lehrer gelingt, während der ersten Woche ein geordnetes Klassenzimmer und die entsprechenden Verfahrensabläufe zu etablieren.

Natürlich will Herr Streibert Jonas nicht unnötig bloßstellen. Wie ihm dies gelingt, hängt davon ab, wie er ihn behandelt, nämlich, ob er es Joans »zeigen« bzw. seine Macht ausspielen will – oder ob er ihn zwar klar zurechtweist, ihn aber dennoch als Mensch respektiert. Wie macht er das? Vor allem, indem er innerlich gelassen bleibt und ruhig und höflich spricht.

> Der Lehrer kann nur dann erfolgreich disziplinierend eingreifen, wenn er respektvoll handelt.

Bei dem gerade oben beschriebenen Vorgehen muss Herr Streibert die Vor- und Nachteile gegeneinander abwägen. Ein Nachteil könnte z. B. sein, dass sich Jonas durch dieses Vorgehen gegenüber seinen Klassenkameraden bloßgestellt fühlt. Das hätte wiederum sehr ungünstige Auswirkungen auf die Beziehung zwischen beiden. Diese Gefahr wird umso größer, je älter die Schüler sind; denn ältere Schüler legen großen Wert auf die Meinung ihrer Peer-Group, und ein Gesichtsverlust gegenüber ihren Freunden verletzt sie ganz besonders.

Außerdem würde er dann gegen eine der Hauptregeln guten Classroom-Managements verstoßen, nämlich, »Konflikte klein halten« (Kounin 1976).

Auf der anderen Seite darf der Lehrer nicht nur reden und ermahnen, denn das wird von seinen Schülern als Schwäche ausgelegt. Er setzt damit seine hierarchische Position unnötig aufs Spiel. Er muss handeln. Aber wie? Er könnte laut sagen: »Ich möchte dich nach der Stunde sprechen«, und am Schluss der Stunde mit Jonas das Gespräch suchen. Wichtig ist, dass alle Schüler spüren, dass Herr Streibert eingreift und Grenzen zieht – und keine Toleranz gegenüber respektlosem Verhalten zeigt.

→ **Schubsen, Mobbing und andere Nettigkeiten unter Schülern**
Wenn Schüler beim Eintreten in die Klasse andere aggressiv schubsen, rempeln oder ihnen ein Bein stellen, dann ist das noch kein Mobbing. Im geringsten Fall beeinflusst dies »nur« das Klassenklima und die Beziehungen zwischen den Schülern negativ: mit allerdings schon ungünstigen Konsequenzen auf das Lernen des Betroffenen. Ein Schüler, der von anderen drangsaliert wird, kann aus Angst weniger gut lernen. Diese Angst kann aber auch auf andere Schüler übergreifen, mit den gleichen ungünstigen Konsequenzen.

Wenn der Lehrer nicht eingreift, hat das auch Auswirkungen auf die Protagonisten. Sie fühlen sich dazu berechtigt, ihr Verhalten weiter auszuüben. Daraus kann sich schnell die Gewohnheit entwickeln, andere aus Lust, Laune oder aus Machtstreben heraus zu mobben. Deshalb ist hier eine Haltung der Null-Toleranz nötig.

Wenn der Lehrer also dieses Verhalten durchgehen lässt, setzt er damit ein Signal in die falsche Richtung. Sein Nicht-Eingreifen wird von seinen Schülern erlebt als:
- Hilflosigkeit
- und stillschweigende Billigung ihres Verhaltens.

Warum sollten sie es dann ändern?

→ **Welche Alternativen sind möglich?**

Natürlich hätte Herr Streibert auch anders reagieren können. Statt zu handeln, hätte er z.B. mit seinen Schülern darüber sprechen können,

• wie man ein Klassenzimmer betritt;
• welche Regeln beim Betreten des Klassenzimmers aus der Sicht der Schüler gelten sollten.

Und wie hätten die Schüler reagiert? »Wie uncool«, hätten sich gerade seine »schwierigsten« Schüler gedacht: »Streibert scheint auch so ein Blah-blah-blah-Lehrer zu sein.« Automatisch rastet dann ihr innerer »Schalt-ab-Mechanismus« ein.

Das Entscheidende an dieser kurzen Sequenz ist, welche Beziehungsdefinition Herr Streibert aus Sicht *seiner Schüler* anbietet. Nicht aus *seiner* Sicht. Er selbst mag sich gerne als demokratischen Pädagogen sehen, der seine Schüler zur Übernahme von Verantwortung anleiten will. Nur spielt es für seine Schüler keinerlei Rolle, wie er sich selbst sieht. Sie interessiert vor allem eins: wie er sich verhält.

> Der Lehrer definiert sich darüber, wie er handelt, und weniger darüber, was er redet.

→ **Noch einmal – zweiter Anlauf**

Und wenn Jonas »es wissen will«? Er sieht, dass vor der Tür noch einige Schüler warten und ungeduldig hereindrängen. Er nutzt die Gelegenheit und rempelt wieder eine Mitschülerin an, während er das Klassenzimmer betritt. Offensichtlich will Jonas Herr Streiberts Autorität herausfordern. Wie reagiert Herr Streibert? Er sagt: »Jonas – einen Moment bitte.« Dann wendet er sich wieder an die vor der Türe wartenden Schüler, blickt sie direkt an und erklärt: »Entschuldigung – bitte wartet noch mit dem Hereinkommen.« Jetzt wendet er sich wieder Jonas zu und erklärt ihm noch einmal, wie jeder Schüler das Klassenzimmer zu betreten hat. Dabei kann er genau die gleichen Worte wie oben verwenden. Er muss nicht länger reden, nur weil das der zweite Vorfall ist, oder sich aufregen und »Wie oft muss ich dir noch sagen, was du tun sollst« oder etwas Ähnliches sagen.

Falls Jonas jetzt kooperiert, dann *bedankt* sich Herr Streibert. Er tut dies kurz und freundlich. Damit signalisiert er ihm: »Die Sache ist vergessen. Du musst keine Angst vor mir haben.« Damit definiert er sich als Mensch, der in der Sache konsequent, aber fair handelt und trotzdem nichts nachträgt. Und zwar der *ganzen* Klasse gegenüber. Denn alle haben die Szene verfolgt.

> Der aufmerksame Lehrer bemerkt sogar die kleinsten Kooperationsbemühungen eines »schwierigen« Schülers.

→ Lernen ist schwer – dritter Anlauf

Und wenn es wieder nicht klappt? Dann steht Herr Streibert vor einem Dilemma. Soll er noch einmal reagieren und die ganze Prozedur wiederholen? Das ist kaum möglich, denn eine Reihe von Schülern wartet immer noch vor der Tür, und die werden verständlicherweise langsam ungeduldig. Außerdem weiß Jonas genau, was er tun soll. Wenn er Herrn Streiberts Anweisungen nicht befolgt, dann einfach deshalb, weil er ihn auf die Probe stellen möchte.

Aber Herr Streibert kann den Vorfall auch nicht auf sich beruhen lassen. Das wäre ein schwerer Fehler. Denn dann hätte Jonas schon fast das Zepter in der Hand – und zwar für alle sichtbar. Herr Streibert müsste mit Nachahmungstätern rechnen. Seine Autorität wäre massiv beeinträchtigt.

Wie reagiert er? Er sagt so laut, dass es alle anderen Schüler auch hören: »Jonas, ich möchte dich am Schluss der Stunde sprechen.« Es ist sehr wichtig, dass alle Schüler dieses kurze Statement hören. Denn damit signalisiert Herr Streibert allen, dass er sich um Fairness und Ordnung in der Klasse bemüht. Und das gibt allen Schülern Halt und Sicherheit.

Am Schluss der Stunde geht er für alle sichtbar auf Jonas zu und sagt: »Ich möchte noch mit dir sprechen.«

→ **Und wenn die Schüler älter sind?**

Soll der Lehrer auch mit 15-Jährigen üben, wie sie das Klassenzimmer zu betreten haben? »15-Jährige wissen doch, was sie tun dürfen und was nicht« mag der berechtigte Einwand lauten. Nur geht es darum gar nicht. Sondern darum, wie der Lehrer wirkungsvoll eingreift, wenn sie sich nicht daran halten.

Erster Schultag, erste Unterrichtsstunde, erste Minute: Frau Gruber steht an der Tür. Kurz bevor sie dem 15-jährigen Alexander die Hand geben will, hört sie ihn gerade noch aggressiv zu Melanie zischen: »Dich fick ich auch noch, du Fotze.« Was jetzt? Soll sie schnell so tun, als ob sie nichts gehört hätte? Oder soll sie Alexander sofort scharf ermahnen? Oder soll sie ihn höflich darum bitten, sein Klassenzimmer in Zukunft doch bitte anständig zu betreten?

> Der gut vorbereitete Lehrer hat sich mental auf provozierendes Verhalten seiner Schüler eingestellt.

Frau Gruber sagt zu den noch vor der Tür wartenden Schülern: »Bitte, wartet noch einen Moment draußen. Ich komme gleich zu euch.« Dann wendet sie sich Alexander zu: »Guten Morgen, Alexander. Ich habe gehört, was du Melanie zugezischt hast. Solche Schimpfworte gibt es nicht in meiner Klasse. Geh bitte jetzt gleich noch einmal heraus und komme dann ruhig herein, danke.« Alexander glaubt, nicht richtig zu hören. Seine in der Nähe stehenden Klassenkameraden auch. Das wird ja gleich spannend, denken sie.

Alexander tut Frau Gruber nicht den Gefallen. Stattdessen tippt er sich mit dem Zeigefinger ein paar Mal an die Stirn und setzt sich so an seinen Platz, als ob nichts gewesen wäre. In der Klasse ist kein Mucks mehr zu hören. Und jetzt?

Frau Gruber sagt: »Alexander«, und fährt nach einer kurzen Pause ruhig und sachlich fort: »Du hast einer Anordnung von mir nicht Folge geleistet und mich beleidigt. Ich werde dein Verhalten notieren, dem Schulleiter melden, meine Kollegen, die dich unterrichten, informieren und deine Eltern benachrichtigen. Du kannst dich aber auch jetzt sofort noch dafür entscheiden zu kooperieren. Das heißt, dass du die ganze Woche jeweils sofort das machst, um was ich dich bitte. Ohne Diskussion. Dann werde ich das akzeptieren und keine weiteren Schritte einleiten. Für was entscheidest du dich?«

Oder sie sagt: »Ich möchte dich nach dem Unterricht sprechen.« Und zwar so laut, dass es alle hören.

> Statt sich provozieren zu lassen, atmet der Lehrer ein paar Mal ruhig durch und ruft dabei ein inneres Bild von sich ab, das ihn dabei zeigt, wie er sogar in stürmischen Zeiten innerlich gelassen bleibt.

Wenn Alexander jetzt doch noch kooperiert, bedankt sich Frau Gruber kurz, aber nicht übertrieben, für sein Einlenken.

Natürlich sind jetzt nicht alle Schüler von Frau Grubers Vorgehen begeistert. Im Gegenteil, manche werden an ihrem Verstand zweifeln. Dadurch aber, dass sie ruhig und kontrolliert vorgeht und Alexander fair behandelt, erfährt ihr Handeln doch eine gewisse Akzeptanz. Denn es beruhigt alle Schüler, wenn sie spüren, dass sie einen Lehrer vor sich haben, der sich dazu im Stande sieht, auch bei heftiger Dynamik für geordnete Abläufe in der Klasse zu sorgen.

Und wenn Alexander immer noch nicht kooperiert? Dann muss sie darauf im Moment gar nicht reagieren. Sie hat ja schon alles Wichtige gesagt. Jedes weitere Reden und Diskutieren wäre jetzt sogar eindeutig kontraproduktiv. Warum?

- Sie würde damit das Problem und die damit entstehende Unruhe in der Klasse zusätzlich aufblähen; siehe zu diesem zentralen Aspekt im Classroom-Management die wegweisende Studie von Kounin (1976).
- Sie würde mit ihrem vielen Reden ihre eigene Position untergraben, weil ihre Schüler dies als Unsicherheit lesen (Omer & Schlippe 2002).
- Sie würde damit einen Machtkampf mit Alexander provozieren.

Deshalb wendet sie sich, ohne Hektik, wieder der ganzen Klasse zu und führt die Aktivität weiter, die sie gerade kurz zuvor unterbrochen hatte: Sie begrüßt die neu eintretenden Schüler. Später kann sie eine Arbeitseinheit über Umgangsformen in der Klasse vorsehen. Anregungen dazu finden Sie bei Lohmann (2007) sowie Grüner und Hilt (2007).

Was in der Klasse gilt, definiert der Lehrer vor allem durch eindeutiges Handeln – unabhängig davon, ob seine Schüler 7 oder 17 Jahre alt sind.

> Wenn »nein« nicht *immer* »nein« bedeutet, bedeutet es gar nichts.

→ **Den ersten Verfahrensablauf einüben – auch eine Übung für Lehrer**

Wir müssen jetzt noch einmal zum Beginn der ersten Schulstunde von Herrn Streibert zurückkommen. Herr Streibert hat nicht vergessen, wie seine Schüler die Klasse betreten haben, aber er wendet sich zunächst anderen Themen zu:

- Er stellt sich vor.
- Er führt vielleicht mit seinen Schülern ein kurzes Kennenlern-Spiel durch.

Dann hat er zwei Möglichkeiten. Er übt in der ersten Schulstunde den Verfahrensablauf »Das Klassenzimmer leise betreten, direkt an den Platz gehen, sich setzen und mit der Aufgabe beginnen« ein – oder er verschiebt dies bis zur nächsten Gelegenheit, bei der seine Schüler die Klasse betreten.

Je schwieriger die Klasse, desto früher sollte der Lehrer die korrekte Einhaltung der Verfahrensabläufe so lange einüben, bis seine Schüler sie beherrschen. Je länger er damit wartet, desto mehr gewöhnen sich die Schüler daran, seine Anweisungen zu ignorieren und das zu machen, was ihnen gerade in den Sinn kommt. Damit macht es sich der Lehrer immer schwerer, seine Schüler dazu zu bringen, dass sie das tun, was er von ihnen verlangt.

> Der Lehrer darf nicht darauf hoffen, dass sich eine undisziplinierte Klasse ohne sein aktives Zutun bessert.

Bei der nächsten sich bietenden Gelegenheit erklärt er seiner Klasse, um was es beim Thema »Das Klassenzimmer korrekt betreten« genau geht. Denn tatsächlich besteht diese Sequenz aus drei Teilen:

- Das Klassenzimmer ruhig betreten.

- Direkt an den Platz gehen.
- Sofort mit der Aufgabe beginnen.

Der Lehrer geht folgendermaßen vor:
- Er erklärt noch einmal den gesamten Ablauf.
- Er hat die drei Schritte an der Tafel visualisiert.
- Er fragt nach, ob es alle verstanden haben.
- Er lässt sich von einem oder zwei Schülern erläutern, wie der Verfahrensablauf »Das Klassenzimmer betreten« genau aussieht.
- Er übt es sofort mit der ganzen Klasse so lange ein, bis es perfekt klappt.

Mental ist er natürlich darauf vorbereitet, dass beim Üben nicht alles glatt laufen wird. Umso wichtiger ist, dass er innerlich ruhig bleibt und klar und eindeutig, aber freundlich kommuniziert – und dass er diese Übung natürlich sehr eng begleitet. Er geht davon aus, dass zwei bis drei Durchgänge nötig sind, bis tatsächlich jeder Schüler das Klassenzimmer ruhig betritt, sich sofort an seinen Platz begibt und mit der ersten Aufgabe beginnt.
    Wichtig ist:
- Herr Streibert hat ein klares Kriterium, was es heißt, die Klasse leise zu betreten.
- Er verlangt von seinen Schülern, dass sie sein Kriterium selbst dann korrekt einhalten, wenn sie den Verfahrensablauf schon einige Male erfolglos geübt haben.
- Er nimmt sich viel Zeit für diese Übung.
- Er rechnet damit, dass seine Schüler von seinem Vorgehen nicht gerade begeistert sind.
- Er lobt sofort Zwischenschritte in die richtige Richtung.
- Er lobt am Schluss die Klasse für ihre Ausdauer und ihren Erfolg.

- Das Vermitteln von Unterrichtsstoff ist in diesem Moment von nachrangiger Bedeutung.

> Classroom-Management before instruction (Jones 2000). Oder anders gesagt: Solange es in einem Klassenzimmer nicht geordnet zugeht, geht es nicht an erster Stelle ums Unterrichten, sondern um Classroom-Management.

→ **Erstes Gespräch mit Jonas: Das Problem beim Namen nennen**
Im Verlauf dieser ersten Unterrichtsstunde stört Jonas noch einige Male den Unterricht. Das hat Herrn Streibert dazu bewogen, sofort engagiert einzugreifen und nicht darauf zu hoffen, dass sich die Dinge ohne sein Zutun bessern könnten.

Er führt ein Gespräch mit Jonas. Herr Streibert:

- »Ich möchte mit dir sprechen, weil du eine Reihe von Regeln nicht befolgst, die wir in der Klasse brauchen, damit alle gut lernen können. Du hast dich nicht daran gehalten, dass die Klasse ruhig zu betreten und die Aufgabe auf deinem Pult zu bearbeiten ist. Du hast dich oft umgedreht und mit dem Schüler hinter dir gesprochen. Du hast meine Anweisung nicht befolgt, als du …
- Ich bin nicht bereit, dies weiter zu tolerieren.«
  Herr Streibert macht eine kleine Pause, atmet tief durch und entspannt sich. Dann fährt er fort:
- »Ich werde nachher deine Eltern anrufen. Das mache ich nicht, damit du zu Hause Ärger bekommst. Sondern ich rufe deine Eltern an, um mit ihnen darüber zu sprechen, wie wir dich dabei unterstützen können, die Verfahrensabläufe und Regeln in der Klasse zu lernen.
- Und ich bin sicher, dass du das schaffen kannst.
- Gerne will ich dich dabei auch unterstützen.«
  Pause.

Kommentar: Herr Streibert hat folgende Aspekte angesprochen:

- Er benennt die Regeln, gegen die Jonas verstoßen hat.
- Er macht klar, dass er nicht bereit ist, dies hinzunehmen.
- Er teilt Jonas die Konsequenz mit, die auf sein Fehlverhalten folgt.
- Er formuliert das Ziel, das Jonas in Zukunft erreichen soll.
- Er formuliert Zuversicht, dass Jonas das Ziel erreichen kann.
- Er bietet ihm dabei Unterstützung an.

> Das Gespräch mit einem »schwierigen« Schüler besteht aus zwei Teilen: das Problem klar definieren – aber das Ziel in den Vordergrund stellen.

Eine Variante zum beschriebenen Vorgehen wäre, wenn Herr Streibert sagt: »Eigentlich versuche ich Schwierigkeiten mit meinen Schülern direkt auszuhandeln. Da sind wir aber bisher nicht wirklich weitergekommen. Du hast dich nicht an die Regeln gehalten, obwohl ich dich mehrfach dazu aufgefordert habe. Wir können noch einen Versuch machen, unter uns beiden zu einer Klärung zu kommen. Wenn das nicht klappt, werde ich mich beim nächsten Mal an deine Eltern wenden.« Und nach einer kurzen Pause: »Ich möchte, dass du ab morgen das Klassenzimmer ruhig betrittst, dich an deinen Platz setzt und die Aufgabe, die du dort vorfindest, bearbeitest. Und dass du meine Anweisungen befolgst. Und zwar beim ersten Mal. Ich würde mich freuen, wenn wir jetzt hier zu einer Lösung kommen, wie du das in Zukunft hinkriegst. Ich will nicht, dass es deshalb zwischen uns zu Spannungen kommt, aber ich werde in diesem Punkt unnachgiebig bleiben.«

Dann wartet Herr Streibert kurz ab und fragt dann: »Hast du denn schon eine Idee, wie du das schaffen kannst?« Und danach: »Kann ich dich dabei unterstützen?«

Mit den letzten beiden Fragen lenkt Herr Streibert bewusst vom Problem weg und zu möglichen Lösungen hin. Und er bietet gleichzeitig seine Kooperation an. Damit geht er einen Schritt auf Jonas zu, um ihm zu demonstrieren, dass von seiner Seite her die Beziehung zu Jonas nicht belastet ist.

→ **Einmal erzielte Fortschritte nutzen**

Die ersten zwei Tage schafft es Jonas. Herr Streibert nutzt sofort diese Gelegenheit, Jonas Lob und Anerkennung zu geben:

- Indem er ihm kurz zunickt und sagt: »Gut gemacht.«
- Oder indem er sich sofort, nachdem Jonas eine Regel eingehalten hat, kurz an dessen Platz begibt, ihm auf die Schulter tippt und ihm leise zuflüstert: »Cool.«
- Oder indem er ihn »privat«, z. B. während Jonas das Klassenzimmer verlässt, fragt: »Wie hast du das heute morgen so gut hingekriegt?« Oder: »Was müsstest du tun, um es morgen auch wieder so gut zu schaffen?«

Herrn Streiberts Vorgehen hat zwei Funktionen:

- es geht nicht nur darum, Jonas zu loben;
- noch wichtiger ist, dass er Jonas' Erfolge dazu nutzt, Kontakt und eine Beziehung zu ihm aufzubauen.

Es geht hier nicht darum, dass Herr Streibert Jonas unangemessen und überschwenglich lobt. Aber Jonas soll spüren, dass Herr Streibert seine Bemühungen sieht und anerkennt.

Natürlich ist es für die meisten Schüler keine besondere Leistung, die Klasse ruhig zu betreten und an ihren Platz zu gehen. Aber für einen zur Opposition neigenden Schüler wie Jonas ist das schon anders. Wenn solch ein Schüler mit dem Lehrer kooperiert, dann kann ihn das schon einiges an Überwindung kosten. Und genau das sollte der Lehrer wertschätzen.

> Indem der Lehrer Schritte eines »schwierigen« Schülers in
> die richtige Richtung würdigt, baut er eine gute Beziehung
> zu ihm auf.

Aber Herr Streibert bleibt doch darauf vorbereitet, dass die
Verbesserung eventuell nur kurzfristig anhält. Dann wird er
das Gespräch mit Jonas suchen. Dabei wird er besonders an die
bereits erreichte Verbesserung von Jonas anknüpfen. Er hat es
schon einmal geschafft – das interpretiert Herr Streibert ganz
einfach: Wenn Jonas es schon einmal geschafft hat, Fortschritte
zu erzielen, dann kann er es auch ein zweites Mal schaffen,
wenn er sich darum bemüht. Diese optimistische Haltung
strahlt auf Jonas aus. – Oder anders gesagt: Sobald ein Schüler
Fortschritte erzielt, nimmt Herr Streibert seinen Fuß nicht
mehr »aus dieser Tür«, indem er z. B. fragt:

- »Kannst du dich noch daran erinnern, dass es dir gerade erst
  gestern gut gelungen ist, dich gut an die Klassenregeln zu
  halten? Wie hast du das so gut geschafft?«
- Oder: »Angenommen, du verhältst dich wieder so gut, wie
  du es gestern geschafft hast: Was müsstest du dann tun?«

> Wer sich einmal verbessert hat, kann dies auch ein zweites
> Mal.

Natürlich weiß Jonas auf so schwierige Fragen nicht gleich eine
Antwort. Das macht auch nichts. Herr Streibert bleibt in dem
Fall einfach freundlich-hartnäckig und sagt: »Denk mal nach,
wie du das schaffst.« Damit gibt er dem Gespräch eine positive
Wendung, die den Raum für weitere Fortschritte öffnet – statt
dass er *nur* darüber spricht, was Jonas *nicht* kann; denn das fördert nicht gerade dessen Kooperationsbereitschaft.

Auch wenn Jonas guten Willen zeigt – er ist vielleicht einfach noch nicht so weit, die von Herrn Streibert gestellten Anforderungen bewältigen zu können. Denn am dritten Tag kommt er zwar ruhig herein, aber während er sich an seinen Platz begibt, wischt er mit der Hand die Unterlagen vom Pult eines Mitschülers. Was jetzt?

Herr Streibert hat keine Wahl. Er muss unbedingt reagieren. Andernfalls würde er Jonas unangemessenes Verhalten verstärken. Deshalb sagt er: »Ich will nach der Stunde mit dir sprechen.« Und dann am Unterrichtsschluss: »Ich werde nachher deine Eltern anrufen, weil ich gemeinsam mit ihnen darüber sprechen will, wie wir dir dabei helfen können, dich an die Klassenregeln zu halten.« Ohne Ärger, ohne Aufregung. Einfach, klar und deutlich. Und was auch immer Jonas einwenden mag, er wird dabei bleiben.

> Um ein geordnetes Klassenzimmer zu etablieren, braucht der Lehrer innere Balance und Beharrlichkeit.

→ **Warum und wie mit Jonas' Eltern telefonieren?**

Stellen Sie sich bitte vor, Sie wären Jonas' Mutter oder Vater. Herr Streibert ruft Sie mit den Worten an: »Jonas verhält sich in der Klasse sehr provozierend. Schon beim Betreten des Klassenzimmers hat er einer Mitschülerin ein Bein gestellt. Im Gegensatz zu den anderen Schülern befolgt er meine Anweisungen nicht.« Wie reagieren Sie? Sind Sie dankbar für diese Information? Vermutlich nicht. Die meisten Eltern fühlen sich durch eine solche Aussage gekränkt oder bedroht. Ihre Gefühle haben Auswirkungen auf die Beziehung zum Lehrer und das Gespräch mit ihm. Sie neigen dazu, sich zu verteidigen und Widerstand zu leisten. Das verführt den Lehrer dazu, dass er den Eltern noch deutlicher beweisen will, wie schlimm sich das

Kind in der Schule verhält – und schnell beschränken sich beide auf gegenseitige Anklagen und Verteidigungen.

Stellen Sie sich bitte vor, Herr Streibert ruft Sie an und sagt stattdessen: »Ich hatte heute meine fünfte Unterrichtsstunde mit Jonas. Ich habe beobachtet, dass er sich wirklich schon darum bemüht hat, die Klassenregeln einzuhalten. Aber ich bin davon überzeugt, dass er noch mehr vom Unterricht profitiert, wenn er das noch besser lernt. Ich würde gerne mit Ihnen darüber sprechen, wie wir Jonas dabei unterstützen können. Sie kennen ihn am besten und haben die meiste Erfahrung im Umgang mit ihm. Ich bin sicher, dass uns Ihr Wissen über Jonas eine Hilfe ist. Wann passt es Ihnen am besten?«

Auch wenn alle Eltern nach einem solchen Anruf spüren, dass etwas mit ihrem Sohn nicht stimmt, sind sie doch eher bereit, dieses Angebot aufzugreifen, als wenn der Lehrer nur darüber spricht, was der Schüler nicht kann.

> Im Gespräch mit den Eltern eines »schwierigen« Kindes sind vier Dinge wichtig:
> - Der Lehrer verbündet sich mit den Zielen, die die Eltern für ihr Kind in der Schule haben, nämlich dass das Kind gut lernt.
> - Er weist auf Fortschritte des Schülers in die richtige Richtung hin.
> - Er benennt kurz, aber anschaulich das Problem und leitet daraus sofort eine zu erlernende Fähigkeit ab.
> - Er spricht die Eltern als Experten im Umgang mit ihrem Kind an.

Und wenn die Eltern auf dieses Angebot ablehnend reagieren? Dann ist das noch kein Grund aufzugeben.

Vermutlich haben die Kollegen von Herrn Streibert ähnliche

Probleme mit Jonas. Dann kann einer von ihnen zwei Tage später Jonas' Eltern anrufen und ihnen genau die gleiche Botschaft übermitteln. Und wenn das nichts hilft, kann ein dritter Lehrer das Gleiche tun. Und wenn das wiederum nicht hilft, ruft der Schulleiter an. Die Eltern sollen spüren: »Die Schule ist um Jonas bemüht und meint es wirklich ernst« (siehe dazu Omer & von Schlippe 2002).

> Die Lehrer einer guten Schule setzen alles daran, dass *jeder* Schüler ihrer Schule vorankommt.

→ Elterngespräch: Sich für Fähigkeiten einsetzen – statt gegen Probleme anzukämpfen

Die westliche Psychologie vermittelt den Eindruck, dass die Probleme von Kindern eine Folge der Erziehung oder einer wie auch immer gestörten Beziehung der Eltern zu ihrem Kind sind. Das kann auch tatsächlich so sein. Aber diese Sichtweise ist extrem problematisch, wenn ein Lehrer die Zusammenarbeit mit wenig kooperationsbereiten Eltern sucht, denn sie beschuldigt die Eltern, für die Probleme ihrer Kinder verantwortlich zu sein. Deshalb verteidigen sich viele Eltern, sobald sie der Lehrer auf Probleme ihres Kindes aufmerksam macht – oft auch dann, wenn der Lehrer aus echter innerer Anteilnahme mit dem Kind handelt. Eltern, die sich angegriffen fühlen, sagen dann z.B.: »Letztes Jahr, als er noch bei einem anderen Lehrer war, gab es diese Probleme nicht«, oder: »Zu Hause haben wir keine Probleme mit ihm.« Was auch stimmen kann.

Diese Falle kann der Lehrer umgehen, indem er den Fokus des Gesprächs vom Problem weg- und auf eine zu erlernende Fähigkeit hinlenkt. – Herr Streibert eröffnet das Gespräch mit Jonas Eltern deshalb so: »Ich bin davon überzeugt, dass Jonas viel mehr in der Schule lernen könnte.« Dann macht er eine Pause. »Wenn er lernt, den Sinn der Klassenregeln einzusehen und sich daran zu halten.«

> Ein gutes Elterngespräch fokussiert auf das, was der Schüler noch lernen muss, um in der Schule erfolgreich zu sein.

Herr Streibert fährt fort: »Ich bin heute zu Ihnen gekommen, um mit Ihnen darüber zu sprechen, wie wir beide gemeinsam Jonas dabei am besten unterstützen können. Vielen Dank, dass Sie sich so schnell Zeit für dieses Gespräch genommen haben.«

Das mit Abstand wichtigste Ziel in diesem Gespräch ist es, mit den Eltern eine kooperative Beziehung aufzubauen. Das ist dann erreicht, wenn sich die Erwachsenen darauf einigen, dass das Kind eine Fähigkeit erlernen soll und dass sie dafür zusammenarbeiten.

> Der Lehrer kann das störende Verhalten eines »schwierigen« Schülers am ehesten dann positiv beeinflussen, wenn es ihm gelingt, zu dem Schüler und dessen Eltern eine kooperative Beziehungen aufzubauen.

→ **Wie aus Problemen zu erlernende Fähigkeiten werden**

Jedes Problem kann in eine zu erlernende Fähigkeit umgewandelt werden. Dieses Umwandeln ist gar nicht so schwierig, wenn man vorher das Problemverhalten konkret beschrieben hat; denn daraus ergibt sich die zu erlernenden Fähigkeit schon fast automatisch, wie die folgenden Beispiele zeigen:

- Das Kind hat seine Schulsachen oft nicht dabei – lernen, die Schulsachen mitzubringen.
- Das Kind ruft im Unterricht oft dazwischen – lernen, sich zu melden.

- Das Kind ist während der Pause aggressiv – nicht hinhören, wenn andere provozieren, oder mehr Selbstkontrolle lernen.

Wenn das Kind mehrere Fähigkeiten lernen muss, beginnt man am besten mit einer Fähigkeit, die nicht zu schwierig ist. Oder man unterteilt die Fähigkeit in zu erlernende Zwischenschritte. Ein ADHS-Kind kann natürlich nicht in einem Schritt lernen, während der ganzen Stunde ruhig auf seinem Stuhl zu sitzen, sondern es ist eventuell »nur« die ersten fünf Minuten dazu in der Lage. Die Zwischenziele müssen so »kleinschrittig« sein, dass das Kind sie erreichen kann; mehr dazu finden Sie bei Furman (2005). Sein Buch *Ich schaff's* gibt ganz hervorragende Hinweise, wie der Lehrer seine Schüler dabei unterstützen kann, neue Verhaltensweisen und Fähigkeiten zu erlernen.

→ **Wie man ein positives Klima schafft**

Die Aufgabe des Lehrers besteht darin, eine interaktive Klassengemeinschaft zu schaffen. Die Grundlage eines positiven Klimas sind positive Interaktionen zwischen dem Lehrer und seinen Schülern sowie unter den Schülern.

Schon mit einfachen Maßnahmen kann der Lehrer wichtige Beiträge dazu leisten:

- Indem er ruhig und höflich spricht: Schüler müssen hören, dass der Lehrer »danke«, »bitte« und »entschuldige bitte« sagt, wenn es angebracht ist. Eine ruhige Stimme wirkt nicht bedrohlich, im Gegenteil: Sie signalisiert Selbstkontrolle und Akzeptanz. Wenn Schüler frustriert, verunsichert oder verärgert sind, beruhigt es sie, wenn sie spüren, dass ihr Lehrer innerlich ruhig und gelassen bleibt.
- Indem er häufig lobt und Positives hervorhebt. Das ist nicht einfach, denn wir sind darauf programmiert, schnell auf unangemessenes Verhalten zu reagieren, während wir ange-

messenes Verhalten leicht übersehen. Deshalb muss sich der Lehrer immer wieder daran erinnern, vor allem auch das zu loben, was seine Schüler gut machen; in der Regel ist das ein lebenslanger Lernprozess.

- Indem er das Wir-Gefühl in der Klasse entwickelt: Eine Klasse wird nicht dadurch ein Team, dass Schüler im gleichen Raum lernen, sondern indem sie einander kennenlernen, gemeinsam Positives erleben, Erlebnisse teilen und indem sie lernen, *kooperativ zusammenzuarbeiten* (Johnson et al. 2005). Vor allem zu Beginn des Schuljahrs können auch Übungen, die das gegenseitige Kennenlernen fördern, hilfreich sein (mehr dazu z. B. in Krowatschek et al. 2005).

2.6 Wie der Lehrer seinen Unterricht an den Zielen seiner Schüler ankoppelt

> Wenn ein Kapitän seinen Ziel-Hafen nicht kennt, ist jeder Wind ungünstig. *Seneca*

Tausende von Schülern aus oberen Klassen begeben sich täglich weitgehend orientierungslos in die Schule. Sie setzen sich in ihr Klassenzimmer und harren der Dinge, die dort auf sie zukommen. Mag sein, dass sie der vom Lehrer angebotene Stoff interessiert – oft ist das aber nicht der Fall. »Was soll ich da nur?«, fragen sie sich. Und niemand hilft ihnen dabei, Antworten auf eine derart zentrale Frage zu finden. Es überrascht wenig, wenn sie dann auch nie zu einer Antwort kommen.

Fragen wie »Warum gehe ich in die Schule?«, »Was will ich lernen?«, »Welche Ziele habe ich?«, »Was bringt es mir, wenn ich lerne?« sind zugegebenermaßen nicht einfach zu beantworten; das geht sogar vielen Erwachsenen so, wenn sie sich solche Fragen nach dem Warum oder ihren Zielen in Bezug auf ihren Beruf oder ihr Leben stellen.

Auf die genannten Fragen Antworten zu finden muss geübt werden – ähnlich wie alles andere im Leben, bei dem wir uns weiterentwickeln wollen.

> Wenn es dem Lehrer gelingt, die Unterrichtsziele mit den persönlichen Zielen seiner Schüler zu verbinden, wird der Unterricht für alle leichter und befriedigender.

→ **Schüler für ihr Lernen verantwortlich machen**

Ein guter Unterricht hat als Hauptziel, dass die Schüler optimal lernen. Das können sie letztlich nur selbst. Am ehesten lernen sie dann,

- wenn die Themen und Inhalte sie interessieren
- oder wenn ihnen einsichtig ist, warum sie den Stoff lernen sollen.

Manche Schüler sind an allen Fächern interessiert, die der Lehrer unterrichtet – für Schüler und Lehrer eine optimale Konstellation. Viele Schüler interessieren sich aber nur wenig oder gar nicht für den Unterrichtsstoff, was für Schüler und Lehrer eine ganz andere Ausgangssituation bedeutet. Dann müssen sich die Schüler täglich überwinden, um in die Schule zu gehen und zu lernen. Und die Lehrer müssen versuchen, unmotivierten Schülern etwas beizubringen – was auch nicht gerade einfach ist.

> Unmotivierte Schüler müssen wissen, warum sie sich täglich anstrengen sollen.

→ **Was *ich* in der Schule lernen möchte**

Gegen Ende der Haupt- oder Realschulzeit ist für viele Schüler der Schulbesuch nur noch Pflichtprogramm. Stattdessen sehnen sich viele nach einem Beruf. Sie können aber keinen Zusammenhang zwischen dem, was sie in der Schule lernen, und den Kompetenzen, die sie für ihren Beruf brauchen, herstellen. Dann ist es wenig verwunderlich, dass die Schule für sie einen eigenartigen Zwangskontext darstellt, den sie mit ihrem Leben in keinerlei Verbindung bringen können.

Die hier vorgeschlagene Methode wendet sich vor allem an Schüler im vorletzten oder letzten Schuljahr der Haupt- oder Realschule und knüpft an ihren Wunsch an, endlich im Beruf zu stehen oder Geld zu verdienen. Das Vorgehen ist aber in abgewandelter Form auch bei jüngeren Schülern oder Gymnasiasten möglich. Dazu muss der Lehrer den unten beschriebenen Einstieg und die sich daraus ergebenden Schritte entsprechend anpassen.

Der Unterricht wird als *Training* konzipiert, das den Schülern die für ihren Beruf nötigen Kompetenzen vermittelt. Er geht von den Zielen aus, die die Schüler für ihren späteren Beruf als zentral ansehen, da sie dann am meisten motiviert sind, sich dafür einzusetzen. Die folgende Sequenz startet möglichst bald nach Beginn des neuen Schuljahrs. Die Schüler sollen in jedem Schritt so viel Verantwortung wie möglich übernehmen.

Es bietet sich an, den gesamten Ablauf am Konzept des kooperativen Lernens (vgl. den Abschnitt zum kooperativen Lernen in Kapitel 4.3 sowie Johnson et al. 2005) auszurichten, z.B. wenn die Schüler so wichtige Fragen bearbeiten wie:

- Welche Vorteile bringt es mir, später einen guten Beruf zu haben?
- Warum trainiere ich in der Schule für meine Ziele?
- Wie erreiche ich meine Ziele?

> Motivation entsteht aus persönlich bedeutsamen Zielen.

Bei der gesamten Einheit sollten sich die Schüler immer wieder mit folgenden Fragen beschäftigen:

- Was habe ich bereits erreicht?
- Was habe ich heute gelernt?
- Wo kann ich noch besser werden – und wie gehe ich dabei vor?

Die Schüler arbeiten überwiegend in Kleingruppen, die während aller Schritte gleich bleiben.

Der auf den ersten Blick etwas kompliziert wirkende Ablauf lässt sich im Rahmen weniger Unterrichtsstunden erarbeiten.

Schritt 1: Ehemalige Schüler berichten von ihren Berufserfahrungen

Herr Schubert leitet die nun folgende Sequenz mit einem Klassengespräch über die Berufswünsche und eventuell bereits gemachten beruflichen Erfahrungen seiner Schüler ein. Dann informiert er die Klasse darüber, dass er für die nächste Woche einige ehemalige Schüler in die Klasse einlädt, damit sie über ihre beruflichen Erfahrungen berichten.

Herr Schubert kennt einige Betriebe, die bereit sind, einen Lehrling für diese Zeit freizustellen. Er achtet darauf,

- dass er nicht nur ehemalige Musterschüler einlädt, sondern gerade auch solche, die selbst in der Schule Schwierigkeiten damit hatten, sich an die Regeln zu halten oder gut zu lernen;
- dass der Altersunterschied zu den Ex-Schülern nicht mehr als zwei bis drei Jahre beträgt.

Beides erleichtert es seinen Schülern, sich mit den Gästen zu identifizieren.

Die Schüler planen die Veranstaltung selbst und führen sie schließlich auch selbst durch. Deshalb bearbeiten sie in Kleingruppen den folgenden Auftrag:

»Für nächste Woche habe ich zwei ehemalige Schüler unserer Schule, die heute eine Lehre machen, eingeladen. Ziel ist es, dass sie euch von ihren Erfahrungen in der Lehre berichten und darüber sprechen, inwieweit die Schule auf die Lehre vorbereiten kann. Plant bitte den genauen Ablauf der Veranstaltung mit unseren Gästen, also z. B.:

- *Was jeder von euch von unseren Gästen wissen will.*
- *Wie der genaue Ablauf der Veranstaltung sein soll.*
- *Wer von euch die Veranstaltung moderiert. Das können auch zwei Schüler sein. Am … treffe ich mich mit unseren Gästen zu einem kurzen Vorgespräch, dort sollen die beiden Moderatoren dazukommen.*
- *Was noch wichtig sein könnte.*

Ich möchte unsere Gäste ganz kurz begrüßen und am Schluss verabschieden. Sonst werde ich nur dann eingreifen, wenn mich beide Moderatoren darum bitten oder wenn es um Fragen der Ordnung in der Klasse geht.

Notiert bitte eure Gedanken und tragt sie der Klasse vor.«

Nachdem die Schüler diesen Auftrag bearbeitet haben, stellt ihnen Herr Schubert den weiteren Ablauf der folgenden Sequenz, also die Schritte 2 bis 15, im Detail vor. Er zeigt einige Fotos der Start- und Schlussveranstaltung, d. h. Schritt 12 und 15, aus den letzten Jahren.

Die wichtigsten Gesichtspunkte, auf die die ehemaligen Schüler bei ihrem Besuch in der Klasse eingehen sollten, sind:
- Warum ich einen guten Beruf erlernen möchte.

- Welche Fähigkeiten ich brauche, um in meinem Beruf weiterzukommen.
- Welche Schwierigkeiten in meiner Lehre immer wieder auftreten und wie ich sie überwinde.
- Welche Erwartungen mein Chef und unsere Kunden an mich haben.

Herr Schubert bespricht diese Fragen im Vorgespräch mit seinen ehemaligen Schülern.

Schritt 2: Mein Berufswunsch

Jeder Schüler notiert seinen Berufswunsch. Wer noch keinen Berufswunsch hat, lässt die Antwort aus. Zusätzlich bespricht Herr Schubert mit seinen Schülern die Frage: »Was ist dir an deinem späteren Beruf wichtig?« Mögliche Aspekte dabei sind:

- mit anderen Menschen zusammenarbeiten;
- im Freien arbeiten;
- handwerklich tätig sein;
- finanzielle Freiheiten, usw.

Wichtig ist, alle Vorteile, die die Schüler aufzählen, gelten zu lassen, also z. B. auch Geld als Motivation für den Berufswunsch.

Dann bearbeitet der Lehrer mit seinen Schülern die Frage: »Welcher Beruf könnte dem entsprechen?«

Schritt 3: Welche Vorteile hat mein Beruf für mich?

Jeder Schüler malt sich so konkret wie möglich aus, welche Vorteile ihm sein Beruf bringt. Dazu können die Schüler in Kleingruppen arbeiten. Fragen dazu können z. B. sein: »Was finde ich an meinem Berufswunsch super?«, »Welche Vorteile habe ich davon, wenn ich meinen Berufswunsch erreiche?«

oder – für die Schüler, die keinen Berufswunsch haben – »Was habe ich davon, wenn ich einen guten Beruf finde?« Die Schüler dürfen dazu auch ein Bild malen, einen Song einstudieren oder etwas anderes tun, was sie besonders dazu motiviert, eine konkrete Antwort zu entwickeln, die sie emotional möglichst stark anspricht; denn das setzt bei ihnen Energie für die folgenden Schritte frei.

Zu Schritt 3 passen auch Fragen wie: »Stell dir bitte vor, du bist 30 Jahre alt. Wie willst du dann leben? Willst du dann einen guten Beruf haben?«

Die Schüler notieren ihre Ergebnisse.

> Je mehr die Unterrichtsthemen mit den ganz persönlichen Zielen des Schülers in Verbindung stehen, desto motivierter ist er.

Schritt 4: Wie wichtig ist mir ein guter Beruf?

Jeder Schüler bewertet für sich auf einer Skala von 0 bis 10 die Frage: »Wie wichtig ist es mir, einen guten Beruf zu haben?« 10 bedeutet: »Es ist mir total wichtig, einen guten Beruf zu finden«; 0 bedeutet: »Es ist mir egal, was für einen Beruf ich habe.« Jeder Schüler trägt den entsprechenden Wert auf der Skala ein.

0   10

Skala: Wie wichtig mir ein guter Beruf ist

Schüler mit geringer Motivation

Schritt 4 hat einen entscheidenden Vorteil. Der Lehrer erhält auf einen Blick ein zutreffendes Bild über die Motivationslage seiner Schüler bezüglich schulischen Lernens. Die Frage »Wie wichtig ist mir ein guter Beruf?« gibt zwar nicht direkt über die schulische Motivation des Schülers Auskunft; aber ein tiefer Punktwert auf der entsprechenden Skala ist immer kritisch, da Schüler, denen ihre berufliche Zukunft wenig wichtig ist, meist auch für die Schule nur gering motiviert sind. Dass das ganz gravierende Auswirkungen auf ihr Lern- und Sozialverhalten hat, muss nicht weiter ausgeführt werden.

Wenn einem Schüler der neunten Klasse sein späterer Beruf nicht wichtig ist und er nicht weiß, warum er in der Schule lernt, so braucht er bei der Klärung dieser Fragen Hilfe und Unterstützung.

Im ersten Schritt sucht Herr Schubert daher das Gespräch mit dem Schüler. Mögliche Fragen sind:

- »Ich habe gesehen, dass du bei der Frage ›Wie wichtig ist mir ein guter Beruf‹ den Wert 1 eingetragen hast. Ich habe das nicht verstanden und mir überlegt, was das wohl zu bedeuten hat. Was ist deine Meinung dazu?«
- »Hast du dir schon Gedanken gemacht, wie du später einmal leben möchtest, was du tun willst, von was du leben willst?«

Wichtig ist hier weniger, welche Fragen genau der Lehrer stellt, sondern dass der Schüler spürt, dass sein Lehrer eine Person ist, die *an seinem Wohlergehen und Weiterkommen interessiert* ist. Das erreicht der Lehrer am besten, indem er seinen Schüler freundlich »belagert« und sich respektvoll nach dessen Haltung erkundigt. Der Schüler darf weder den Eindruck erhalten, er sei seinem Lehrer egal, noch denjenigen, dass ihn sein Lehrer nur unter Druck setzen möchte.

Falls sich die Haltung des Schülers nicht ändert, nimmt Herr Schubert, nach Rücksprache mit dem Schüler, mit dessen Eltern oder mit außenstehenden Fachpersonen, wie z.B. dem Schulpsychologen, Kontakt auf.

Schritt 5: Meine Ziele

Um ins Thema einzuführen, sammelt Herr Schubert zunächst mit der ganzen Klasse Ideen zur Frage: »Was möchte ich als Nächstes für meinen Beruf trainieren?« Mit dieser Frage stellt er sein gesamtes hier beschriebenes Vorgehen in den Kontext eines Trainings. Das spricht Schüler besser an als z. B. die Frage: »Was muss ich noch für meinen Beruf lernen?« Wer noch keinen Berufswunsch hat, beantwortet die Frage: »Was möchte ich trainieren, damit ich später einen guten Beruf erhalte?«

Normalerweise beantworten Schüler diese Fragen, indem sie Ziele zum Lern- und Arbeitsverhalten angeben. Ziele des *Lern- und Arbeitsverhaltens* sind z. B.:

- im Englischen besser werden;
- im Mathematikunterricht dann besonders gut aufpassen, wenn der Lehrer etwas Wichtiges erklärt;
- über die Photosynthese Bescheid wissen;
- die Hausaufgaben vollständig erledigen.

Zusätzlich zu den Zielen bezüglich Lern- und Arbeitsverhalten sollten sich die Schüler unbedingt Ziele zum Sozialverhalten setzen. Warum?

- Gute soziale und kommunikative Kompetenzen sind mittlerweile in fast jedem Beruf Schlüsselkompetenzen.
- Gute Sozialkompetenzen im Beruf entsprechen weitgehend guten Umgangsformen im Klassenzimmer. Indem die Schüler gute Umgangsformen für ihren späteren Beruf im Klassenzimmer eintrainieren, trainieren sie zugleich, sich an die Klassenregeln zu halten.

Ziele des Sozialverhaltens sind z. B.:

- Ich behandle andere respektvoll.
- Wenn ich mich über einen Mitschüler geärgert habe, schreie

ich ihn nicht an, sondern sage ihm in normalem Ton, was
mich geärgert hat.

- Ich unterstütze Mitschüler, indem ich ihnen etwas erkläre,
wenn sie etwas nicht verstanden haben.
- Bei der Kleingruppenarbeit höre ich den anderen Gruppen-
teilnehmern gut zu.

Nach dieser Einführung wechseln die Schüler in Kleingruppen.
Der Auftrag lautet: »Überlegt euch bitte, welche Ziele des Lern-
und Arbeitsverhaltens wie auch des Sozialverhaltens wichtig
sind, damit ihr in eurem Wunschberuf erfolgreich seid.«

In die Ziele, die sich jeder Schüler zum Sozialverhalten setzt,
sollte unbedingt die Außenperspektive der Mitschüler einflie-
ßen. Dazu nimmt jeder Schüler der jeweiligen Kleingruppe zur
Aussage »Ich glaube, dass mein Mitschüler ... (z.B. Jonas) besonders viel für seinen Beruf profitiert, wenn er noch ... lernt«
Stellung.

> Um sein Lern- und Sozialverhalten zu verbessern, braucht
> der Schüler Feedback von anderen. Dabei kann er das, was
> ihm seine Klassenkameraden rückmelden, oft besser akzep-
> tieren als Aussagen seines Lehrers.

Viele Schüler hören an dieser Stelle zum ersten Mal, wie sie auf
andere wirken. Das ist zwar nicht immer einfach, kann aber
wichtige Lernprozesse anstoßen. Grundsätzlich muss aber der
Betroffene selbst entscheiden können, wieweit er die Aussagen
seiner Mitschüler beim Formulieren seiner Sozialziele berücksichtigt.

Schritt 6: Mein wichtigstes Ziel (a) in Bezug aufs Lern- und Arbeitsverhalten, (b) in Bezug aufs Sozialverhalten

Jeder Schüler wählt aus seinen Zielen zum Lern- und Arbeitsverhalten sein wichtigstes aus; ebenso wählt er aus seinen Zielen zum Sozialverhalten sein wichtigstes Lernziel aus. Wer in Schritt 5 bei (a) und (b) nur ein Lernziel herausgefunden hat, wählt dieses aus. Es reicht aus, wenn die Schüler unter Schritt 6 (a) und (b) je ein einziges Ziel auswählen, auf das sie sich in der nächsten Zeit konzentrieren werden.

Schritt 7: Mein Nahziel in Bezug aufs Lern- und Arbeitsverhalten und mein Nahziel in Bezug aufs Sozialverhalten

Die meisten Schüler haben in Schritt 6 bei (a) und (b) Fernziele genannt, was nicht weiter tragisch ist. Herr Schubert erklärt den Unterschied zwischen Fern- und Nahzielen und erläutert, dass sich ein gutes Training dadurch auszeichnet, dass klare und konkrete Nahziele trainiert werden. Herr Schubert nennt Fernziele wie z.B.:

- gut Englisch können;
- den Führerschein bestehen.

Aus diesen Fernzielen sollen die Schüler Nahziele ableiten.

Gute Nahziele:
- sind persönlich bedeutsam;
- erstrecken sich über einen übersichtlichen Zeitrahmen;
- sind so konkret wie möglich und positiv formuliert;
- sind tatsächlich erreichbar;
- sind schriftlich so formuliert, dass die Schüler genau wissen, wann sie was machen;
- sind den Menschen, die uns am wichtigsten sind, bekannt, was ihre Verbindlichkeit für uns steigert.

Herr Schubert nennt Nahziele wie z. B.:

- »Ich lerne während der nächsten vier Wochen drei Mal pro Woche englische Vokabeln, und zwar am Montag um … Uhr, am Mittwoch um … Uhr und am Freitag und um … Uhr.«
- »Ich passe im Mathematikunterricht immer dann besonders gut auf, wenn der Lehrer etwas Wichtiges erklärt.«

Nach dieser Einführung beantwortet jeder Schüler in einer Gruppenarbeit die Frage: »Welches Nahziel trainiere ich in den nächsten Wochen aus Schritt 6 (a) und (b)?« Je ein Nahziel genügt.

Schritt 8: So trainiere ich für mein Nahziel

Jeder Schüler bearbeitet für sich die Frage: »Was, wie und wann genau trainiere ich für mein Nahziel?« Dabei sollen die Schüler so konkret wie möglich beschreiben, wann sie was und wie trainieren, z. B.:

- Für den Schüler mit dem Nahziel, sein Englisch zu verbessern: »Während der nächsten vier Wochen trainiere ich dreimal pro Woche 10 Minuten englische Vokabeln: am Dienstag von …, am Donnerstag von … und am Freitag von …« Der Schüler trägt die Trainingszeiten in seinem Stundenplan ein. Oder: »Während der nächsten vier Wochen stelle ich mir jeden Dienstag, Donnerstag und Freitag meinen Wecker auf 17:00 Uhr, um zehn Minuten englische Vokabeln zu trainieren.«
- Für den Schüler, der in Mathematik besser aufpassen möchte: »Immer, wenn der Mathematiklehrer das Zeichen gibt, dass er etwas ganz Wichtiges erklärt, passe ich besonders gut auf.«
- Für den Schüler, der über die Photosynthese Bescheid wissen will: »Ich schreibe eine kurze Zusammenfassung über die

wichtigsten Abläufe der Photosynthese, und zwar am Mittwoch von 16:00 bis 17:00 Uhr und am Freitag von 15:30 bis 16:30 Uhr.«

- Für den Schüler, der seine Hausaufgaben erledigen möchte: »Ich erledige diese Woche alle meine Hausaufgaben – am Montag von …, am Dienstag von …« usw. Er trägt diese Zeiten in seinen Stundenplan ein.

Vorsätze erfolgreich verwirklichen
Im Prinzip geht es bei diesem Schritt um die Umsetzung von Vorsätzen. Wie schwierig das ist, belegt eine Reihe neuer Studien. Zwei Drittel geben während der anspruchsvollen Anfangsphase auf (Stadler et al. 2007, Eichhorn 2007); dabei beziehen sich diese Ergebnisse auf motivierte Erwachsene, die über höhere Fertigkeiten der Eigensteuerung verfügen als Schüler. Deshalb brauchen Schüler viel Unterstützung und Ermutigung, wenn sie lernen sollen, ihre Ziele zu verwirklichen. Aus der Selbstregulationsforschung ist bekannt, dass uns dies umso besser gelingt, je genauer wir planen, wann wir was und wie tun werden. Im Gegensatz dazu geben die meisten, deren Vorsätze nur allgemein und vage formuliert sind – wie z.B.: »Ich treibe regelmäßig Sport« –, schnell auf. Besser ist also der Vorsatz: »Ich gehe jeden Dienstag von 19:00 bis 20:00 Uhr ins Fitness-Studio.«

Schritt 9: Hindernisse
Jeder Schüler beantwortet die Frage: »Was könnte mich daran hindern, mein Nahziel zu erreichen?«, in Klein-Gruppen oder im Rahmen einer Klassendiskussion. Die Haupthindernisse sind in der Regel,

- dass der Schüler keine Lust hat,
- dass andere Aktivitäten attraktiver sind.

Konkrete Hindernisse sind z. B:

- Der Schüler trifft sich bei schönem Wetter lieber mit seinen Freunden beim Fußball.
- Das entsprechende Fach, z. B. Rechnen, liegt ihm nicht, oder er ist in dem Fach schwach.
- Er hat am Abend zuvor lange Computer gespielt und ist deshalb am nächsten Nachmittag, wenn er englische Vokabeln trainieren möchte, müde.
- Er hat eine schlechte Note erhalten und ist deshalb verärgert oder demotiviert.
- Er hat Streit mit seinen Eltern oder seiner Freundin und fühlt sich deshalb schlecht.

Je mehr konkrete Hindernisse die Schüler herausfinden, umso besser können sie sich dagegen wappnen.

Schritt 10: So überwinde ich Hindernisse

Die Schüler beantworten in ihrer Kleingruppe die Frage: »Wie erreiche ich mein Nahziel auch dann, wenn Hindernisse auftauchen?«

Proaktives Coping

Die wegweisende Studie von Shelley Taylor (Taylor et al. 1998, 1999) belegt eindrücklich die Bedeutung dieses Schritts. Sie arbeitete mit Schülern, die ihr Lernverhalten verbessern wollten, und bildete zwei Gruppen. Die Teilnehmer der »Visionen-Gruppe« instruierte sie dahingehend, innerlich ihr Ziel zu imaginisieren: Sie sollten sich vorstellen, wie sie nach einer guten Note die Glückwünsche ihrer Eltern, von Freunden usw. entgegennehmen und mit sich selbst zufrieden sein würden. In der »Hindernisse-bewältigen-Gruppe« hingegen überlegten die Schüler zuerst, was sie vom Lernen abhalten könnte, wie z.B. schönes Wetter, keine Lust dazu haben usw. Im nächsten Schritt stellten sie sich vor, wie sie trotzdem lernten und sich nicht durch derartige Hindernisse davon abbringen ließen.

Welche Gruppe war am erfolgreichsten? Natürlich die zweite. Ihre Mitglieder waren sogar auf schlechte Noten vorbereitet. Ihre Strategie war: »Bei schlechten Noten lerne ich einfach weiter.« Deshalb wurden sie besser. Da konnten die Studenten der »Visionen-Gruppe« nicht mehr mithalten. Nachdem sie die Realität in Form schlechter Noten bald eingeholt hatte, war ihr Lerneifer wie ein Strohfeuer schnell erloschen.

> Visionen stoßen Veränderungen an. Langfristig müssen wir sie aber mit konkreten Strategien »unterfüttern«, die uns Schritt für Schritt ans Ziel bringen.

Schritt 11: Wie mich andere unterstützen können

Auch ein aus Erwachsenensicht kleines Nahziel kann für einen Schüler Schwerarbeit sein. Deshalb brauchen Schüler auf ihrem Weg gezielte Unterstützung; dies ist wie im Sport: Sportler lassen sich auch von ihren Fans antreiben, weil ihnen das dabei hilft, mit letztem Einsatz durchzuhalten.

> Soziale Unterstützung setzt Energie frei.

Die Schüler beantworten deshalb die Frage: »Wie können mich andere – z.B. Eltern, Mitschüler und Lehrer – dabei unterstützen, mein Nahziel aus Schritt 6 einzuhalten?« Sie sollen hier wieder möglichst konkrete Angaben machen, z.B.:

- Ich bitte meinen Freund darum, mich zehn Minuten Vokabeln abzuhören.
- Ich bitte meinen Banknachbarn, mir einen leichten Schubs zu geben, wenn er merkt, dass ich gerade nicht aufpasse.

• Ich bitte meine Freundin darum, mich zu loben, wenn ich mein Ziel erreicht habe.

Jeder Schüler trägt seine Überlegungen zusammengefasst in der rechten Spalte der Tabelle »Auf dem Weg in meinen Beruf« (siehe Seite 81) ein.

Schritt 12: Präsentation der Ergebnisse von Schritt 2 bis Schritt 11 in der Öffentlichkeit

Nachdem die Schüler die Schritte 2 bis 11 bearbeitet haben, präsentiert jeder Einzelne seine Ergebnisse im Rahmen eines kleinen Fests seinen Mitschülern, den Eltern und allen Lehrern, welche die Klasse unterrichten; dazu laden die Schüler ihre Eltern und Lehrer schriftlich ein. Die Ziele der Präsentation sind,

• jedem Schüler Energie und Motivation für seine Ziele zu geben;
• das persönliche Commitment jedes einzelnen Schülers durch den öffentlichen Rahmen zu erhöhen;
• dem Schüler zu verdeutlichen, dass Eltern und Schule an seiner guten Entwicklung sehr gelegen ist.

Bei der Feier soll eine Atmosphäre sowohl der Ernsthaftigkeit als auch der Feierlichkeit entstehen.

Der öffentliche Charakter der Feier verlangt, dass *alle* Schüler bei ihren Eltern einen *positiven* Eindruck hinterlassen. Wenn die Eltern nach dieser Feier auf ihre Kinder wenigstens ein bisschen stolzer sind als zuvor, hat das eine Reihe an positiven Auswirkungen, z.B. auf die Beziehung *Eltern – Kind*, auf die Lernatmosphäre zu Hause, auf die Beziehung *Eltern – Schule*, auf das Selbstwertgefühl der Schüler und vieles mehr. Deshalb übt Herr Schubert die Feier vorher mit der Klasse ein.

Folgender Ablauf ist denkbar (siehe Seite 82):

Mein Berufswunsch:	
Wenn ich meinen Berufswunsch erreiche, habe ich folgende Vorteile: Wenn ich meinen Berufswunsch erreiche, so fühle ich mich: Wenn ich meinen Berufswunsch erreiche, so geht es mir:	
Wie wichtig mir mein Beruf ist:	
Meine Ziele für: • Lern- und Arbeitsverhalten: • Sozialverhalten:	
Mein »Ziel Nummer 1« für: • Lern- und Arbeitsverhalten: • Sozialverhalten:	
Mein Nahziel in Bezug auf: • Lern- und Arbeitsverhalten: • Sozialverhalten:	
Was, wie und wann ich für mein Nahziel trainiere: • Lern- und Arbeitsverhalten: • Sozialverhalten:	
Welche Hindernisse mich vom Training abhalten könnten: • Lern- und Arbeitsverhalten: • Sozialverhalten:	
So überwinde ich die Hindernisse: • Lern- und Arbeitsverhalten: • Sozialverhalten:	
Wie mich andere unterstützen können: • Lern- und Arbeitsverhalten: • Sozialverhalten:	
Wie gut ich diese Woche mein Ziel erreicht habe: • Lern- und Arbeitsverhalten: • Sozialverhalten:	

Ort: Datum: Unterschrift der Schülerin/des Schülers

Auf dem Weg in meinen Beruf

- Ein oder zwei Schüler begrüßen alle Anwesenden (1 bis 2 Minuten sind ausreichend).
- Herr Schubert begrüßt die Eltern. (Im *Anhang* zu diesem Buch finden Sie einen Vorschlag, wie der Lehrer die Eltern begrüßen kann.)
- Ein Elternteil hält eine kurze Rede zum Thema »Lernen in Schule und Beruf« (5 Minuten sind ausreichend) oder zum Thema »Was mein Kind in der Schule trainieren soll.« Es strahlt auf alle Eltern positiv aus, wenn ein Elternteil auf einer von der Schule organisierten Veranstaltung einen Beitrag übernimmt und signalisiert indirekt, dass Eltern und Schule Partner sind.

Damit sich kein Elternteil übergangen fühlt, muss Herr Schubert dieses Prozedere mit allen Eltern vorab abgesprochen haben. Es ist möglich, dass sich zwei Eltern diese Aufgabe teilen.

- Jeder einzelne Schüler präsentiert seine Gedanken, die er in der Tabelle »Auf dem Weg in meinen Beruf« erarbeitet und festgehalten hat.
- Herr Schubert hält ein kurzes Referat zum Thema »Wie Eltern ihre Kinder beim Lernen unterstützen können« (etwa 5 Minuten). Er achtet darauf, dass er nicht länger referiert als der Elternteil, der zum Thema »Lernen in Schule und Beruf« spricht. Damit signalisiert er indirekt die Parität zwischen Eltern und Schule. (Im *Anhang* zu diesem Buch finden Sie einen Vorschlag dazu, was der Lehrer zum Thema »Wie Eltern ihre Kinder beim Lernen unterstützen können« vortragen kann.)
- Er bittet die Eltern, die dazu Fragen haben, sich zu melden. Er notiert kurz ihre Namen, um sie in allernächster Zeit anzurufen, da er darauf im Rahmen der Feier aus Zeitgründen nicht eingehen kann. Herr Schubert teilt eine Kopie seines

Vortrags, den er in die häufigsten Fremdsprachen hat übersetzen lassen, an die Eltern aus.

- Herr Schubert legt mit den Eltern einen Termin für die Nachfolgeveranstaltung fest, bei der die Schüler die Ergebnisse ihrer Vorsätze und Bemühungen darstellen.
- Das Treffen endet mit einem kurzen zwanglosen Zusammensein.

Für Eltern, die nur begrenzt Deutsch sprechen, hat Herr Schubert Kontaktpersonen von Ausländerorganisationen als Übersetzer eingeladen. Deshalb gibt es regelmäßig kurze Pausen für die Übersetzung.

Das Einladungsschreiben an die Eltern erarbeiten, schreiben, gestalten und versenden die Schüler überwiegend selbst. Das Schreiben sollte das für die Feier vorgesehene Programm enthalten.

Weiter bespricht Herr Schubert mit seiner Klasse:

- Wie begrüßen wir die Eltern beim Eintreten? Wo sind ihre Plätze? Die Idee ist, dass abwechselnd ein Schüler je ein Elternpaar oder Elternteil beim Eintreten ins Klassenzimmer per Handschlag begrüßt und in etwa sagt: »Mein Name ist … Ich freue mich, dass Sie unsere Einladung angenommen haben. Darf ich Ihnen Ihren Platz zeigen?« Dies unterstreicht den feierlichen Charakter der Veranstaltung.
- Wie kleiden wir uns? Je ordentlicher und festlicher die Schüler gekleidet sind, desto bedeutsamer wird für alle Beteiligten die Veranstaltung.
- Wie präsentiere ich meine Ergebnisse aus der Tabelle »Auf dem Weg in meinen Beruf«?

Er übt alle die Teile der Veranstaltung, die seine Schüler betreffen, ein.

Evaluation und Zielanpassung

Diese Feier ist die »Kick-off-Veranstaltung«, um die Schüler positiv für Schule, Lernen und angemessenes Verhalten zu motivieren. Aber damit ist es natürlich nicht getan; jetzt heißt es, bei der Stange zu bleiben. Das geht nur durch regelmäßige Evaluation, Feedback und eine Weiterentwicklung bzw. Anpassung der Ziele.

Schritt 13: Selbstevaluation bezüglich der Ziele

Herr Schubert zeigt seinen Schülern, wie sie sich in Bezug auf ihr Lernziel selbst einschätzen können. Dazu notieren sie täglich, sobald sie die Arbeit an ihrem Lernziel beendet haben, wie gut es ihnen gelungen ist, ihr Ziel zu erreichen, z. B. auf einer Punkteskala von 0 bis 10. »10« bedeutet: »Ich habe mein Ziel zu hundert Prozent erreicht.« »0« bedeutet: »Ich habe mein Ziel überhaupt nicht erreicht.«

Eine Selbstevaluation stellt immer sehr hohe Anforderungen an die Selbstbeurteilungskompetenzen des Betroffenen; denn er kann einfach seine Angaben beschönigen, wodurch er sich letztlich aber selbst beschummelt.

Das macht ein Schüler weniger aus böser Absicht, sondern er versucht damit, das positive Bild, das er über sich selbst konstruiert hat, aufrechtzuerhalten.

Herr Schubert spricht dieses Thema offensiv an: »Natürlich könnt ihr letztlich in eure Tabelle eintragen, was ihr wollt. Ihr könnt also bei ›Ich lerne dreimal pro Woche englische Vokabeln‹ eine ›10‹ eintragen, obwohl ihr gar nichts gemacht habt. Ich kann euch versichern, dass ich das nicht überprüfen werde; denn letztlich müsst ihr ja selbst entscheiden, wofür ihr eure Energie einsetzt. Es ist euer Leben. Ich bin aber davon überzeugt, dass es euch langfristig weiter bringt, wenn ihr ehrlich zu euch seid, auch wenn es, kurzfristig gesehen, nicht immer einfach ist.«

	Wie gut ich mein Lernziel erreicht habe
Montag	5
Dienstag	2
Mittwoch	7
Donnerstag	4
Freitag	3

Wie gut ich heute für mein Ziel trainiert habe

Bei den Bewertungen handelt es sich nur um Vorschläge

Er zeigt seiner Klasse diverse Auswertungsbeispiele ehemaliger Schüler in Form von Grafiken und Tabellen und weist noch einmal auf Schritt 15 hin. Er bespricht mit seinen Schülern, in welcher Form sie ihre Ergebnisse präsentieren könnten.

Schritt 14: Selbst- und Fremdevaluation

Johnson, Johnson und Holubec (2005) betonen die Rolle regelmäßiger Selbst- und Fremdeinschätzung. Am sinnvollsten ist es, dazu Kleingruppen im Sinne des kooperativen Lernens einzusetzen. Die Kleingruppen sollen zu einem Team zusammenwachsen, das zusammenhält und sich gegenseitig motiviert!

Diese Selbst- und Fremdevaluation verläuft in drei Schritten:

- Erstens: Der Schüler, z.B. Mario, beantwortet einen Fragebogen mit Fragen wie:
  - »Wie gut habe ich mein Lernziel erreicht?« Schätze dich bitte auf der Skala von 0 bis 10 ein. »10« bedeutet: »Ich habe mein Lernziel zu hundert Prozent erreicht«, »0« bedeutet das Gegenteil.
  - »Wo kann ich noch besser werden?« Bitte beschreibe konkret, was du meinst.
  - »Wie könnten mich die Mitschüler meiner Arbeitsgruppe noch besser unterstützen?«
  - »Wie kann ich mich noch besser motivieren, meine Ziele zu erreichen?«
- Zweitens: Die Schüler aus Marios Arbeitsgruppe beantworten die gleichen Fragen in Bezug auf ihn, also:
  - »Wie gut hat Mario aus meiner Sicht sein Lernziel erreicht?« »10« bedeutet: »Er hat es zu hundert Prozent erreicht«, »0« bedeutet das Gegenteil.
  - »Wo kann Mario noch besser werden? Bitte beschreibe konkret, was du meinst.«

- »Wie könnte ich Mario noch besser unterstützen?«
- »Wie kann sich Mario noch besser motivieren, seine Ziele zu erreichen?«
- Drittens: Die Schüler vergleichen ihre Ergebnisse und besprechen mögliche Konsequenzen daraus.

Je nachdem muss der Lehrer diese Gespräche aber auch moderieren. Dazu bespricht er mit seinen Schülern Fragen wie:

- »Wie bist du mit deinem Training vorangekommen?«
- »Was waren die größten Hindernisse für dich?« Und: »Wie hast du es geschafft, trotzdem so gut durchzuhalten«, oder: »Wie hast du es geschafft, trotzdem solche Schritte in die richtige Richtung zu gehen?«
- »Hast du schon neue Ziele, oder willst du die alten weiterführen?« »Wie zuversichtlich bist du, dass du dein neues Ziel erreichst?« »Kann ich dich oder können dich andere dabei unterstützen, dass du dein Ziel gut erreichst?«
- Bei Schülern, die sehr unzufrieden mit sich selbst sind oder für die es sehr schwierig war, ihr Lernziel zu erreichen, fragt Herr Schubert: »Was war schwierig?« oder »Was waren die größten Hindernisse?« Vermutlich war das Ziel zu hochgesteckt und muss jetzt neu angepasst werden.
- Wenn ein Schüler sein Lernziel überhaupt nicht erreichen konnte, besteht die Gefahr, dass er aufgrund von Versagensgefühlen aufgibt. Um dem vorzubeugen, sagt Herr Schubert: »Ich glaube, ich habe dir nicht gut genug erklärt, wie du vorgehen kannst, bitte entschuldige.« Damit nimmt er einen Teil der Schuld für das Versagen des Schülers auf sich und reduziert damit dessen Versagenslast. Der Schüler kann eher wieder nach vorn blicken und ein zweites Mal die Schleife von *Zielformulierung, Lernziel ausführen* und *Evaluation* durchlaufen.

Ein guter Lehrer lehrt seine Schüler, sich Ziele zu setzen und diese regelmäßig selbst zu evaluieren. Er unterstützt dabei besonders die Schüler mit eingeschränkten Möglichkeiten der Eigensteuerung.

Schritt 15: Präsentation der Auswertung in der Öffentlichkeit

So wie der ganze hier beschriebene Zyklus mit einer Präsentation vor der Eltern- und Lehreröffentlichkeit begann, so endet er auch mit einer Präsentation der Auswertung vor diesem Publikum. Damit entsteht ein für jeden Schüler stark verbindlicher Rahmen, der ihn motiviert, sein Bestes zu geben. Allerdings bedeutet das auch, dass jeder Schüler erfolgreich sein muss. Das bedeutet letztlich auch,

- dass seine Ziele für ihn erreichbar sein müssen;
- dass er so viel Begleitung und Unterstützung erhält, dass er erfolgreich sein kann.

Der Schwerpunkt bei dieser Veranstaltung besteht darin, dass jeder Schüler seine Ergebnisse präsentiert. Dabei hält er sich an folgende Schritte:

- Er erklärt noch einmal seine Ziele, wie bei der ersten Präsentation.
- Er stellt mit Hilfe einer grafischen oder tabellarischen Präsentation dar, wie erfolgreich er war.
- Er skizziert kurz die Haupthindernisse, die sich ihm in den Weg gestellt haben.
- Er skizziert kurz, wie er sie überwunden hat.
- Er fasst in einem oder zwei Sätzen zusammen, was er aus dem ganzen Ablauf gelernt hat.
- Falls ihn Personen unterstützt haben, bedankt er sich an dieser Stelle bei ihnen.

Die Präsentation wird im Rahmen einer kleinen Feier abgerundet.

→ **Anwendung in unterschiedlichen Altersstufen und bei verschiedenen Fächern**

Das gesamte Verfahren lässt sich in modifizierter Form auch bei jüngeren Schülern und in unterschiedlichen Fächern anwenden. In einem Turn-Leistungskurs z. B. kann der Lehrer in Schritt 1 einen Nachwuchssportler einladen, in einem Deutsch-Leistungskurs »Literatur« einen jungen Autor aus der Region. Die nächsten Schritte passt er dann einfach entsprechend an.

→ **Warum ist eine gute Arbeitshaltung wichtig?**

Eine gute Arbeitshaltung ist vielleicht sogar der wichtigste Faktor für Schulerfolg.

Die Ergebnisse von Forschungen zur Bedeutung der Arbeitshaltung haben sogar die Wissenschaftler selbst erstaunt. Sie zeigten klar, dass die Arbeitshaltung einen zentralen Faktor für schulischen Erfolg darstellt. Bis vor kurzem interessierte sich die Forschungsgemeinschaft allerdings überwiegend für den Beitrag von Intelligenz zum schulischen Erfolg oder Misserfolg. Das hat sich in den letzten Jahren grundlegend geändert. Immer mehr Studien revidieren die Bedeutung der Arbeitshaltung für schulischen Erfolg nach oben (Duckworth & Seligman 2005). Aber nicht nur dort spielen Engagement, Einsatzbereitschaft und Ausdauer eine Schlüsselrolle. Das Gleiche gilt in Bezug auf beruflichen Erfolg, persönliche Weiterentwicklung und sogar Lebenszufriedenheit (Doskoch 2006).

Im Gegensatz dazu legen sowohl Schüler, Eltern als auch das

Schulsystem besonderen Wert auf das Lern-*Ergebnis*, also auf gute Noten. Das oben beschriebene Verfahren fokussiert hingegen auf den Lern-*Prozess*, also auf die Entwicklung einer guten Arbeitshaltung als Schlüsselqualifikation für Schule, Beruf und Privatleben.

Eine gute Arbeitshaltung besteht aus Ausdauer und Sorgfalt (Jones 2000).

Teil 3

Beziehung

Eine gute Lehrer-Schüler-Beziehung ist aus folgenden Gründen wichtig:

- Schüler lernen besser, wenn ihre Beziehung zum Lehrer stimmt (Spitzer 2003, Spitzer & Bertram 2007).
- Das Classroom-Management wird einfacher, wenn die Beziehung zum Lehrer stimmt.
- Die Zusammenarbeit mit den Eltern wird leichter, wenn die Beziehung Lehrer – Schüler stimmt.
- Der Lehrer kommt mit mehr Freude in die Klasse, wenn seine Beziehung zu seinen Schülern stimmt. Und das strahlt aus.

> Erfolgreiches Classroom-Management basiert auf einer guten Beziehung zum Schüler.

3.1 Wie Sie eine Beziehung zu Ihren Schülern aufbauen

Jeder Schüler muss täglich unendlich viele Dinge tun, die ihm sein Lehrer aufträgt; dazu muss er seine aktuellen Wünsche und Bedürfnisse zurückstellen. Dazu ist er umso eher bereit, je besser seine Beziehung zum Lehrer ist. Damit eine gute Beziehung zum Lehrer entstehen kann, muss sich ein Schüler als Mensch angenommen fühlen. Unterricht ist nie allein Wissensvermittlung – vielmehr ist er in erster Linie Beziehung (Glasser 1972).

> »When you look at truly effective teachers, you will find caring, warm and lovable people« (Wong & Wong 2004).

→ **Erste Schritte zum Aufbau einer guten Beziehung zu Ihren Schülern**

Herr Streibert beginnt in jeder neuen Klasse sofort mit dem Aufbau einer guten Beziehung zu seinen Schülern – vor allem zu denen, die ihm als besonders »schwierig« bekannt sind. So geht er vor:

- Er stellt sich zu Beginn der ersten Stunde seinen Schülern vor – und berichtet dabei auch von sich als Mensch, von seinen Hobbys, seiner Familie, davon, warum er Lehrer geworden ist und was ihm an seinem Beruf gefällt.
- Die meisten Schüler sind ihm spontan sympathisch – aber es gibt immer einige, zu denen er nicht so leicht einen guten Draht findet. Gerade bei diesen Schülern bemüht er sich ganz besonders um die, wie er sagt, »Entdeckungsreise ihrer guten Seiten«.
- Er notiert die positiven Seiten und Stärken dieser Schüler auf einer Extra-Karte.
- Er nimmt sich vor, gerade bei diesen Schülern auf die ganz kleinen, positiven Schritte in die richtige Richtung zu achten und sie dem Schüler rückzumelden.
- Er bemüht sich vor allem während der ersten Unterrichtstage um zwei bis drei kurze freundliche Kontakte pro Tag zu diesen Schülern – besonders im kurzen Einzelkontakt, z.B.

wenn diese Schüler die Klasse betreten; denn dann fällt es ihm leichter, auf sie zuzugehen, als am Schluss der Stunde, wenn er sich zuvor vielleicht über sie geärgert hat.

- Er erkundigt sich bei seinen Schülern nach deren Hobbys und danach, was sie im Innersten begeistert, und trägt es auf der Extra-Karte ein – wie bei Paolo, der Poker nannte; das hat Herrn Streibert auf die Idee gebracht, den Mathe-Stoff in Form von Pokerspielen abzufragen – Paolo und die Klasse fanden das »super-cool«.

- Natürlich nutzt Herr Streibert eine Leidenschaft, wie diejenige fürs Pokern, auch in anderen Fächern, wie zum Beispiel in Deutsch. Er vereinbart mit Paolo, dass dieser ein Referat zum Thema »Auf dem Weg zum guten Poker-Spieler« hält. In diesem Zusammenhang kann er mit Paolo über die Rolle von Training und Ausdauer beim Erlernen der wichtigsten Poker-Kompetenzen sprechen. Damit hat er indirekt die Bedeutung einer guten Lern- und Arbeitshaltung zur Ausbildung von Kompetenzen mit einem Schüler ausführlich thematisiert, der auf andere Weise für dieses Thema vielleicht nie offen gewesen wäre.

»No joy, no work.« (Jones 2000).

- Herr Streibert plant im Rahmen seines Unterrichts zumindest kurze Einheiten mit genau den Aktivitäten ein, die seine Schüler mit Leidenschaft erfüllen. Die Idee dabei ist, dass möglichst alle seine Schüler starke, emotional positive Erfahrungen im Unterricht erleben. Damit intensiviert er in den Beziehungsaufbau zu ihnen und unterstützt ihre Identifikation mit ihrer Schule. Das ist vor allem bei denjenigen Schülern unentbehrlich, die negativ gegenüber Schule und Lernen eingestellt sind.

> Der Lehrer kann Unterrichtsinhalte erst dann für seine Schüler gewinnbringend vermitteln, wenn er ihnen zu einer positiven Beziehung zu ihm und zur Schule verholfen hat.

- Auf der Extra-Karte notiert er auch Stärken des Schülers, die nichts mit der Schule zu tun haben, wie z.B. bei Mario, der ein Meister im Witzeerzählen ist. Er hat mit ihm abgemacht, dass Mario hin und wieder einen seiner neuesten Witze vor der Klasse erzählen darf. Seither findet Mario, dass Herr Streibert »super« ist.
- Er fragt seine Schüler nach ihren Freunden in der Klasse und notiert dies ebenfalls auf der Extra-Karte. Diese Information nutzt er, wenn er Kleingruppen zusammenstellt. Er bringt sozial kompetente Schüler mit den weniger beliebten zusammen.
- Immer wieder mal knüpft er mit seinen Schülern über deren Lieblingsthemen Kontakt.
- Viele »schwierige« Schüler haben zu ihren Mitschülern nur schlechte oder nur schwach ausgeprägte Beziehungen und leiden insgeheim darunter. Herr Streibert macht diese Schüler darauf aufmerksam, wenn Mitschüler ihnen gegenüber Kontaktbereitschaft signalisieren, z.B.: »Paolo, hast du auch bemerkt, wie dir Julian geholfen hat? Ich glaube, du bist ihm sympathisch.«
- Das Sozial- und Lernverhalten vieler »schwieriger« Schüler wird durch ihr geringes Selbstwertgefühl beeinträchtigt. Herr Streibert macht mit der ganzen Klasse eine Portfolio-Arbeit – »Was ich gut kann« – und widmet sich dabei besonders den »schwierigen« Schülern und denen mit geringem Selbstvertrauen. Mehr zum Thema Portfolio finden Sie z.B. bei Easley und Mitchel (2004).

- Er spricht mit seinen Schülern über ihre Fortschritte: »Paolo, wie hast du das so gut geschafft?« Derartige Fragen signalisieren Paolo nicht nur das Interesse seines Lehrers an ihm, sondern sie unterstützen auch seine schulische Leistungsmotivation.
- Er setzt »schwierige« Schüler hin und wieder als Lehrer-Helfer ein. Das gibt ihm eine gute Möglichkeit, mit ihnen unter vier Augen zu sprechen und ihre Arbeit als Lehrer-Helfer zu loben.
- Er begibt sich regelmäßig in die »Welt« seiner Schüler und macht sich klar, was deren Bedürfnisse sind.
- Er zeigt Interesse an dem, was seine Schüler bewegt, z. B. daran, wie ihr Lieblingsverein am Wochenende gespielt hat. Er kennt den Namen der gerade angesagten Band und übersetzt im Englischunterricht mit seinen Schülern deren aktuellen Hit.
- Er schafft Gelegenheiten für Kommunikation und Beziehung, die auch außerschulischen Charakter haben – wie z. B. Ausflüge.

→ **Höflichkeit und Respekt**

Der Lehrer, der einen Schüler mit Namen anspricht, signalisiert ihm: »Du bist mir so wichtig, dass ich mir deinen Namen merke.« Seine Schüler fühlen sich dadurch stärker angesprochen.

Die Würde einiger Kinder wird zu Hause missachtet. Für diese Kinder ist es eine Wohltat, wenn ihr Lehrer sie als Mensch respektiert und wertschätzt. Das drückt sich auch dadurch aus, dass er, wenn er mit ihnen spricht, »bitte« und »danke« sagt. Es macht für Luca einen großen Unterschied, ob sein Lehrer sagt:

- »Zeig dein Heft« oder
- »Luca, zeige mir bitte dein Heft«, und sich dann mit »Danke, Luca« bedankt.

Damit ist er in puncto Höflichkeit und Respekt Vorbild für die ganze Klasse. Höflichkeit beginnt mit dem Wort »bitte«. Es ist nicht nur eine Bitte um Mitarbeit oder Hilfe, sondern der Gebrauch des Wortes zeigt dem anderen: »Ich respektiere dich und deinen Wert als Mensch.« Und wenn er dann noch ruhig spricht, ein Lächeln andeutet und Wärme in seine Stimme bringt, fühlt sich Luca innerlich wohl und entspannt. Auch das strahlt auf die Klasse aus.

Lächeln kommuniziert, dass sich der Lehrer selbst wohlfühlt und dass er möchte, dass sich seine Schüler auch wohlfühlen. Und es ist eine der effektivsten Techniken, um ein gutes Klima in der Klasse zu kreieren. Ein Lächeln entwaffnet einen verärgerten Schüler, denn es befördert die Botschaft: »Du musst dich nicht vor mir fürchten. Ich bin hier, um dir zu helfen.« Das verstehen fast alle Schüler.

> Lächeln ist die universale Sprache von Verständnis, Frieden und Harmonie.

→ **Lob und Komplimente**

Herr Frank nähert sich unauffällig dem Platz des 15-jährigen Enrico. Wie nebenbei flüstert er ihm zu: »Enrico – interessanter Beitrag vorhin.« Und schon geht Herr Frank weiter.

Während Erstklässler noch einfach zu loben sind, ändern sich die Dinge im Sekundarschulbereich. Plötzlich finden es viele Schüler peinlich, wenn ihr Lehrer sie lobt, dazu noch vor der ganzen Klasse. Das macht den Beziehungsaufbau mit diesen oft »schwierigen« Schülern nicht gerade leichter. Auf der anderen Seite zeigen Lob und Komplimente dem Schüler, dass der Lehrer sein Engagement sieht und auch würdigt. Das braucht jeder Schüler, selbst wenn manche so tun, als könnten sie darauf voll und ganz verzichten.

Wenn der Lehrer diskret lobt, können es diese Schüler am ehesten akzeptieren. Auch ein indirektes Lob kommt gut an, wie: »Eine interessante Ansicht, Corinna«, oder: »Robert, kannst du genauer sagen, was du meinst, der Punkt interessiert mich«, oder: »An diesen Aspekt habe ich noch gar nicht gedacht, Fabian«, oder auch: »Hast du das so gemeint, Carla« (Herr Frank fasst Carlas Beitrag zusammen), usw. Herr Frank hat sich eine Liste mit »Komplimenten« zusammengestellt, die er immer mal wieder durchsieht und überarbeitet.

Patrick kommt bei einer Aufgabe nicht weiter und wirkt schon etwas genervt. Herr Frank steht daneben und beobachtet ihn. Er beugt sich zu ihm herunter und flüstert: »Patrick, ich weiß, dass das eine ganz schwierige Aufgabe ist. Aber das kannst du schaffen. Atme doch mal kurz durch und überlege dann in Ruhe, wie das gehen könnte.« Dann schaut er auf und registriert, was in der Klasse geschieht. Und dann beobachtet er Patricks weiteres Vorgehen. Und sobald der einen Schritt in die richtige Richtung macht, sagt Herr Frank: »Ja, du bist auf dem richtigen Weg.« Und als Patrick nach Unterrichtsende aus der Klasse geht, kann er ihn noch mal kurz loben: »Ich bin stolz auf dich, weil du dich beim Rechnen durchgebissen hast.«

Gutes Lob
- ist auf die Anstrengung und weniger auf das Ergebnis bezogen;
- ist kurz;
- ist auf spezifisches Verhalten bezogen;
- trägt der Lehrer ruhig und mit warmer Stimme vor;
- ist aus Sicht des Schülers begründet, erfolgt also nicht für »Baby-Leistungen«;
- ist ernst gemeint.

→ **Lob für die ganze Klasse**

Es gibt zwei gute Gründe, nicht nur einzelne Schüler, sondern besonders auch gute Leistungen von Kleingruppen und der ganzen Klasse zu würdigen:

- Ältere Schüler akzeptieren Lob in der Gruppe leichter.
- Es fördert den Zusammenhalt und ein gutes Klima in der Klasse.

Nachdem sich Herr Franks Klasse in der stillen Arbeit gut verhalten hat, sagt er: »Danke, ihr habt ruhig und konzentriert gearbeitet, das freut mich.«

Natürlich kann er das nur sagen, wenn tatsächlich *alle* Schüler gut mitgearbeitet haben. Das ist allerdings nur selten der Fall. Aber was soll er tun, wenn Carla und Franz nicht gut mitgemacht haben? Er kann nicht sagen: »Toll, wie alle mitgemacht haben – außer Carla und Franz«; denn das rückt das negative Verhalten von Carla und Franz in den Vordergrund, die Wirkung seines Kompliments verblasst dahinter. Und darüber hinaus würde er zwei Schüler völlig unnötig vor der Klasse bloßstellen. Stattdessen sagt er also: »Ich habe gesehen, dass sich die meisten von euch wirklich gut engagiert haben – danke.«

Aber wenn wirklich die ganze Klasse gute Arbeit leistet, dann reagiert Herr Frank sofort: »Ich habe doch gewusst, dass ihr Power habt, wenn ihr euch darum bemüht. Ihr könnt noch besser werden.« Damit

- motiviert er seine Schüler,
- vermittelt er indirekt seine hohen Ansprüche an ihre Einsatzbereitschaft,
- fördert er den Teamgeist der Klasse.

> Der Lehrer gibt seinen Schülern positive Energie, wenn er sie
> spüren lässt, dass er an sie glaubt.

→ **Vom Lob zum Lern-Coaching**

Kommen wir zu Herrn Frank zurück. Er hat sich dafür ent-
schieden, Patrick nach der Stunde »privat« zu loben: »Patrick –
guter Einsatz beim Lösen der Rechnungen.« Dann fährt er fort:
»Ich hab jetzt schon ein paar Mal gesehen, dass du dich in letz-
ter Zeit wirklich mehr angestrengt hast – darf ich dich fragen:
Hast du dir das vorgenommen?« Damit signalisiert er weiteres
Interesse. Sein weiteres Verhalten orientiert er jetzt an Patricks
Reaktion. Patrick sagt z. B.: »Ja, ich will besser werden.«

Herr Frank: »Dann hast du dir das vorgenommen?«

Patrick: »Ja.«

Herr Frank: »War es schwierig, bis heute durchzuhalten?«

Patrick: »Nein.«

Herr Frank: »Du willst auch in Zukunft so gut arbeiten –
oder?«

Patrick: »Ja, schon.«

Herr Frank: »Und wie schaffst du das?«

Patrick: »Indem ich so weitermache.«

Herr Frank: »Kann ich dich dabei unterstützen?«

Patrick: »Weiß ich jetzt auch nicht.«

Herr Frank: »Wäre es hilfreich für dich, wenn ich dir hin
und wieder mitteile, dass du auf dem richtigen Weg bist, so wie
heute?«

Patrick: »Ja.«

Herr Frank: »Und wäre es auch o. k., wenn ich dir mitteile,
dass du nachlässt?«

Patrick: »Ja.«

Das Gespräch dauerte keine drei Minuten. Herr Frank hat

dabei seine Rolle gewechselt – vom Lehrer zum Coach. Sein Ziel dabei ist, Patrick bei einer nachhaltigen Einstellungs- und Verhaltensänderung zu unterstützen.

Folgende Fragen bieten sich an, um Schüler auf dem Weg zu mehr Selbstkontrolle und Bereitschaft zur Anstrengung zu unterstützen:

- Wie schwierig war es bisher für dich durchzuhalten?
- Was hat dir dabei geholfen?
- Wie kann ich dich dabei unterstützen?
- Wie schaffst du es, trotz Schwierigkeiten dranzubleiben?

Wie Patrick geben viele Schüler auf diese Fragen keine langen und ausgefeilten Antworten. Sie lösen aber einen Reflexionsprozess aus, der ihnen dabei hilft, mehr Kontrolle über sich selbst zu gewinnen. Und sie spüren, dass ihr Lehrer ihren Einsatz bemerkt und würdigt. Das macht sie stolz – und es fördert ihre Beziehung zu ihrem Lehrer.

→ Wie wirke ich als Lehrer?

Es gibt heute eine Reihe an guten Fragebögen, mit denen sich der Lehrer relativ einfach ein gutes Bild über seine Beziehung zu seinen Schülern und über alle wichtigen Aspekte des Classroom-Managements aus Schülersicht verschaffen kann, z. B. bei Lohmann (2007) oder auf den Internetseiten *www.iqes.ch* oder *www.qit.at*. Diese Fragebögen können dem Lehrer wertvolle Informationen vermitteln, die ihm sonst nicht zur Verfügung stehen.

3.2 Wie Sie angespannten Beziehungen entgegenwirken

→ **Warum sind angespannte Lehrer-Schüler-Beziehungen so gefährlich?**

Emotionen strahlen aus, Spannungen teilen sich mit. Was der Lehrer auch tut, er verhält sich nicht gegenüber einem einzelnen Schüler, sondern gegenüber der ganzen Klasse. Sobald es um »öffentliche« Auseinandersetzungen zwischen ihm und einem Schüler geht, befindet er sich auf einer »Bühne« mit einem augenblicklich hochinteressierten Publikum. Wenn dieses zur Einschätzung kommt, der Lehrer behandle einen Mitschüler ungerecht, sind Solidarisierungseffekte die Folge. Die Beziehung des Lehrers verschlechtert sich nicht nur zu einem Schüler, sondern zu vielen – im Extremfall zur ganzen Klasse.

> Der Lehrer steht immer auf einer öffentlichen Bühne. Alles, was er tut, strahlt auf die ganze Klasse aus.

Das wissen natürlich auch »schwierige« Schüler intuitiv; genau deshalb fordern sie ihren Lehrer am liebsten öffentlich heraus.

Der Lehrer darf eigentlich zu keinem einzigen Schüler eine angespannte Beziehung haben. Dieser extrem hohe Anspruch zeigt, welche enormen Herausforderungen der Lehrerberuf mit sich bringt.

Und wenn sich ein Lehrer doch mit einem Schüler überworfen hat?

→ **Versöhnung – Wege aus einer zerrütteten Beziehung**

Schon lange beschäftigte Franz Frau Hill. Wenn sie ehrlich zu sich war, musste sie sich eingestehen, dass sie nicht ganz unbeteiligt daran war, dass sie mit Franz so schlecht auskam. Zwar reizte er sie, wo es nur ging, aber sie reagierte auf ihn auch wie auf ein rotes Tuch. Nach langem Hin und Her suchte sie einen Schulpsychologen auf.

Das Gespräch war für sie wie eine Befreiung. Endlich konnte sie mit einer neutralen Person über ihre Gefühle und vor allem über ihr schlechtes Gewissen sprechen. Am Schluss des Gesprächs schlug ihr der Coach vor, auf Franz zuzugehen und das Gespräch mit ihm zu suchen. Es dauerte noch ein wenig, bis sie sich auf diesen Gedanken einlassen konnte. Dann lud sie Franz zu einem Gespräch ein: »Ich möchte heute mit dir sprechen, weil mich beschäftigt, dass wir beide so schlecht miteinander auskommen. Ich weiß, dass ich mich dir gegenüber oft nicht so verhalten habe, wie ich das hätte tun sollen. Ich hab dich spüren lassen, dass du mir kaum etwas recht machen kannst. Das tut mir leid. Ich wünsche, dass wir in Zukunft wieder normal miteinander auskommen.«

Franz schaute sie überrascht an. Sein Gesicht und seine gesamte Haltung entspannten sich sichtlich. »Schon gut, Frau Hill«, war seine Antwort.

Schritte der Versöhnung verlangen oft keine langen Gespräche. Schüler spüren schnell, wie es der Lehrer meint.

Am nächsten Tag war Franz im Unterricht sichtlich gelöster. Sein unangemessenes Verhalten war immer noch teilweise vorhanden. Aber Frau Hill gelang es immer besser, »normal« darauf zu reagieren und nicht mehr alles persönlich zu nehmen.

Beziehungen sind ohne Geben und Nehmen nicht möglich. Nur weil Frau Hill auf Franz zugehen konnte, konnte er ihr wieder entgegenkommen.

Teil 4

Den Unterricht leiten

4.1 Missverständnisse bezüglich des Classroom-Managements

Bezüglich des Classroom-Managements gibt es eine Reihe von Missverständnissen:

- Es besteht nicht zuvorderst in der Sicherung von Ruhe und Disziplin, sondern es geht darum, »die Schüler einer Klasse zu motivieren, sich möglichst lange und intensiv auf die erforderlichen Lernaktivitäten zu konzentrieren, und – als Voraussetzung dafür – den Unterricht möglichst störungsarm zu gestalten oder auftretende Störungen schnell und undramatisch beenden zu können. Die wichtigste Voraussetzung für wirkungsvolles und erfolgreiches Lernen ist das Ausmaß der aktiven Lernzeit, d.h. der Zeit, in der sich die einzelnen Schüler mit den zu lernenden Inhalten aktiv, engagiert und konstruktiv auseinandersetzen. Je mehr Unterrichtszeit für die Reduktion störender Aktivitäten verbraucht wird, desto weniger aktive Lernzeit steht zur Verfügung. Je häufiger einzelne Schüler im Unterricht anwesend und zugleich geistig abwesend sind, umso weniger lernen sie. Der Klassenführung kommt deshalb eine Schlüsselfunktion im Unterricht zu.« (Weinert & Kluwe 1996, S. 124)

- Um eine Klasse gut führen zu können, muss man den Schülern dauernd sagen, was sie zu tun und vor allem, was sie zu unterlassen haben. Das Gegenteil trifft zu: Je weniger der Lehrer redet und umso mehr er nonverbal führt, desto besser.
- Ein Classroom-Management-System müsse automatisch, etwa wie ein Motor, funktionieren, nachdem es einmal eingeführt wurde. Das Gegenteil trifft zu: Es braucht permanente Pflege, vor allem in den ersten Tagen und Wochen.

Jeder Lehrer kann seine Classroom-Management-Expertise steigern.

Ein guter Unterricht ist erst dann möglich, wenn der Unterricht nicht gestört wird, eine gute Gesprächskultur vorhanden ist und sich Schüler und Lehrer wohlfühlen.

Das geschieht aber nicht von selbst, sondern nur, wenn der Lehrer die innerhalb der Klasse sich entwickelnden Beziehungen, die Unterrichtszeit, das Klassenzimmer und seine Einrichtung sowie die für einen flüssigen Unterricht nötigen Verfahrensabläufe und Regeln so organisiert, dass die Schüler optimal lernen können.

4.2 Verfahrensabläufe

Ein gut gemanagtes Klassenzimmer verfügt über Verfahrensabläufe, die den Unterricht »flüssig« machen. Die Schüler wissen, wie sie das Klassenzimmer zu betreten und wie sie sich dort zu verhalten haben, wie hoch der Geräuschpegel sein darf, was sie tun müssen, wenn sie etwas nicht verstanden haben oder wenn sie früher als ihre Mitschüler mit einer Arbeit fertig sind, wenn sie Durst haben, wenn der Lehrer etwas erklärt, wo sie welches Material finden und wie sie es besorgen, wie sie zur Kleingruppenarbeit wechseln und vieles mehr.

→ **Verfahrensabläufe vermeiden Chaos und Durcheinander**
Der Unterrichtsalltag bietet Schülern tausend kleine Freiräume, die sie gerne ausnutzen. Allein schon Arbeitsblätter abzuheften oder sich ruhig in einer Reihe aufzustellen sind Aufgaben, die den Schülern viele Freiräume geben. Je weniger strukturiert diese Situationen sind und je weniger der Lehrer sie begleitet, desto störanfälliger sind sie. Typische Beispiele sind der Pausenhof oder das Umziehen für den Turnunterricht. Es ist kein Zufall, dass gerade dort gehäuft massive Probleme wie z. B. Mobbing auftreten.

> Jede Störung lenkt die Schüler nicht nur vom Lernen ab, sondern kostet den Lehrer auch viel Energie, die er aufwenden muss, um die Ordnung wiederherzustellen.

Hier soll nicht der Eindruck entstehen, dass der Lehrer seinen Schülern keine Freiräume gewähren dürfe. Dass Freiräume aber das Risiko von Konflikten und Störungen erhöhen, zeigen die folgenden Situationen, die ich während Klassenbesuchen erlebte.

In einer achten Klasse musste der Lehrer kurz sein Klassenzimmer verlassen. Kaum war er draußen, stieg der Lärmpegel im Klassenzimmer deutlich an. Die meisten Schüler hörten auf zu arbeiten, und einige liefen im Klassenzimmer herum. Ein Schüler warf einen anderen vom Stuhl.

In einer zweiten Klasse durften vier Schüler, darunter ein Junge mit ADHS, hinten im Klassenzimmer auf dem Boden ein

Würfelspiel spielen. Der Lehrer saß vorne an seinem Pult, ging aber während des Spiels zwei bis drei Mal nach hinten, um der Gruppe zuzusehen. Während dieser Phase spielte die Gruppe ruhig. In der Endphase des Spiels saß er aber vorne an seinem Pult. Beim letzten Spielzug zeigte sich, dass der ADHS-Schüler Letzter werden würde. Sofort nach Spielende versetzte er der Mitspielerin, die um einen Spielzug schneller als er war, eine Ohrfeige.

In einer siebten Klasse rannten die Schüler unbeaufsichtigt vom Umkleideraum in die Turnhalle, während der Lehrer noch beim Umkleiden war. In der Turnhalle kam es zu einer Reihe von Konflikten zwischen den Schülern, in die auch ein Schüler verwickelt war, der sich von seinen Mitschülern gemobbt fühlte. Er erhielt einen Tritt gegen sein Schienbein; er setzte sich dann in eine Ecke und weinte.

Die Eskalationen der letzten beiden Fallbeispiele hätte der Lehrer leicht vereiteln können, indem er etwa in der Schlussphase des Spiels zu den Schülern der zweiten Klasse nach hinten gegangen und die Endphase des Spieles eng begleitet hätte; einen Konflikt wie den in der Turnhalle kann der Lehrer vermeiden, indem er zu dem Zeitpunkt, zu dem seine Schüler die Turnhalle betreten, selbst dort anwesend ist und in den Unterrichtsstunden zu Beginn des Schuljahres Regeln einführt, wie sich die Schüler in der Turnhalle zu verhalten haben, bis der Turnunterricht offiziell losgeht.

Ohne die Konflikte der drei Fallbeispiele unnötig zu dramatisieren: Jeder der drei dort erwähnten Lehrer muss berücksichtigen, dass sich die Dynamik des Konflikts dann erheblich ausweitet und ihn sogar schnell selbst erreicht, wenn die betroffenen Schüler zu Hause von den Vorfällen berichten – und dort auf besorgte Eltern treffen, die zu dem Schluss kommen, dass der Lehrer ihre Kinder nicht einmal im Klassenzimmer vor

Übergriffen ihrer Mitschüler schützen könne. In dem Moment droht das Disziplinproblem im Klassenzimmer die Eltern-Lehrer-Beziehung zu belasten. Und selbst wenn die Eltern jetzt das Gespräch mit dem Lehrer suchen sollten, ist die Situation für ihn extrem heikel; denn er sieht sich dann emotional aufgewühlten Eltern gegenüber. Und mit allen Menschen, die emotional aufgebracht sind, ist ein Gespräch bekanntermaßen nicht gerade einfach.

> Wie viel Freiräume der Lehrer seinen Schülern zur Verfügung stellt, hängt von vier Faktoren ab:
> - ihrer Sozialkompetenz,
> - ihren Selbstregulationsfähigkeiten,
> - der Klassendynamik und davon,
> - ob die Klasse in der Lage ist, die Klassenregeln einzuhalten.

Zurück zu den Verfahrensabläufen: Der Lehrer darf sich nicht vormachen, die Klasse würde diese *automatisch* lernen – sie tut es nicht. Verfahrensabläufe müssen genauso gelernt werden wie andere Fertigkeiten auch. Dafür ist Zeit erforderlich. Diese Zeit muss sich der Lehrer vor allem zu Beginn des Schuljahrs extra einplanen.

Wenn der Lehrer sein Klassenzimmer nicht strukturiert, dann übernehmen die Schüler diese Aufgabe. Natürlich versuchen sie dann, das Klassenzimmer in ihrem Sinn zu strukturieren.

> Die Vorteile klarer Verfahrensabläufe sind:
> - Sie geben den Schülern Sicherheit, denn sie wissen, wie sie was zu tun haben.
> - Sie erhöhen die effektive Lernzeit der Schüler.

- Sie reduzieren Störungen.
- Sie verbessern das Klassenklima.
- Sie machen das Unterrichten für den Lehrer befriedigender.

→ **Wie Schüler Verfahrensabläufe lernen**

Verfahrensabläufe lernen die Schüler in fünf Schritten:

- *Erklären:* Der Lehrer erklärt den Verfahrensablauf. Er unterteilt komplexere Verfahrensabläufe in sinnvolle Zwischenschritte. Er visualisiert den gesamten Verfahrensablauf an der Tafel. Er vergewissert sich, ob alle Schüler exakt verstanden haben, was sie tun sollen.
- *Demonstrieren:* Wenn möglich demonstrieren der Lehrer oder einige Schüler den Verfahrensablauf vor der Klasse.
- *Üben:* Der Lehrer lässt seine Schüler den Verfahrensablauf üben – und zwar exakt, d.h. er setzt seinen Schülern hohe Ziele. Lehrer mit gutem Classroom-Management wenden zu Beginn des Schuljahrs viel Zeit und Energie dafür auf, die ihnen wichtigen Verfahrensabläufe einzuüben.
- *Loben:* Der Lehrer lobt seine Schüler.
- *Wiederholen:* Selbst wenn ein Verfahrensablauf an einem Tag gut funktioniert, rechnet der Lehrer damit, dass das nach einigen Tagen schon wieder anders sein kann – und lässt den entsprechenden Verfahrensablauf gleich noch einmal einüben.

Verfahrensabläufe lernen die Schüler so wie Lesen und Schreiben, nämlich indem der Lehrer sie mit ihnen so lange übt, bis sie es können.

→ Verfahrensablauf: Übergänge ins und aus dem
Klassenzimmer

Manchmal kommen die Schüler innerlich angespannt und auf-
gedreht in die Klasse – z.B. zum Unterrichtsbeginn, nach einer
Turnstunde oder nach der großen Pause. Dann ist es wenig
sinnvoll, ihnen einen Arbeitsauftrag zu geben, der innere Ruhe
und Konzentration verlangt. Wer emotional bewegt oder innerlich angespannt ist, möchte sich zunächst anderen mitteilen. Das geht auch Erwachsenen so; auch wir wollen emotional
bedeutsame Ereignisse mit anderen teilen.

Je jünger Menschen sind, desto weniger sind sie in der Lage,
emotional bedeutsame Ereignisse einfach auszublenden und
sich auf Aufgaben einzulassen, die innere Ruhe voraussetzen
und kognitive Anforderungen stellen.

Es ist sinnvoll, den Schülern erst einmal Zeit einzuräumen,
damit sie sich »Luft machen« und ihre Erlebnisse mit anderen
teilen können. Hierfür sollte der Lehrer eine Reihe an unterschiedlichen und schnell und einfach einzusetzenden Methoden bereithalten. Das kann sein:

- Ein kurzes Stimmungsbild.
- Eine kurze Selbsteinschätzung (jeder Schüler kann mit Hilfe
  einer Art Smilie-Bild seine Stimmung angeben: Mund nach
  oben: Es geht mir gut; Mund nach unten: Es geht mir
  schlecht).
- Der Lehrer legt einen Ring auf den Boden. Jeder Schüler, der
  etwas berichten möchte, darf in den Ring treten und etwas
  mitteilen. Die anderen hören zu.

→ Verfahrensablauf: Wenn ein Schüler Hilfe braucht

In vielen Klassenzimmern geschieht täglich Folgendes: Die
Schüler erledigen eine schriftliche Aufgabe. Andrea meldet
sich. Der Lehrer sagt: »Ja, Andrea?« Alle Schüler hören auf zu

arbeiten und schauen auf. »Darf ich auf die Toilette gehen?«
Eine legitime Frage.

Keine Minute später meldet sich wieder ein Schüler. Der
Lehrer sagt: »Ja, Robin?« Alle Schüler hören wieder auf zu arbeiten und schauen auf. »Ich komme nicht mehr weiter.« Ebenfalls eine legitime Meldung.

In zwei Minuten gab es zwei Unterbrechungen – für die
ganze Klasse. Die Schüler sind nicht die Schuldigen, der Lehrer
auch nicht. Vielmehr ist das Meldesystem nicht geeignet. Besser ist ein Meldesystem, bei dem niemand verbal reagieren
muss, sondern das über Zeichen funktioniert – beispielsweise
je nachdem, mit wie vielen Fingern sich der Schüler meldet:

- Der Zeigefinger bedeutet: »Ich möchte etwas sagen.«
- Zeige- und Mittelfinger bedeuten: »Ich muss auf die Toilette.«
- Drei Finger bedeuten: »Ich brauche Ihre Hilfe.« Eine Variante ist: Der Schüler hebt sein Heft in die Höhe.

Auch der Lehrer kann mit Hilfe von Signalen antworten. Eine
entsprechende Karte bedeutet: »Du darfst sofort zu mir nach
vorne kommen«, eine andere Karte bedeutet: »Bitte warte noch
und bearbeite die nächste Aufgabe; sobald ich Zeit habe, komme
ich zu dir.« Morgenthau und Siemens (2004) haben dazu ein
umfangreiches System nützlicher Signalkarten entworfen.

Und wenn ein Schüler etwas nicht verstanden hat? Dann
sollten die Erklärungen des Lehrers so kurz wie möglich ausfal-
len, gerade so, dass der Schüler den nächsten Schritt bearbeiten
kann. Der Lehrer sollte jetzt auf keinen Fall über die Fehler des
Schülers sprechen. Warum sollen Erklärungen so kurz sein?

Langes Erklären hat zwei schwerwiegende Nachteile:

- Es provoziert Unruhe, weil der Lehrer die Klasse aus den Augen verliert. Dann muss er darauf reagieren.

- Es überfordert schwache Schüler, die Fachleute sprechen von cognitive overload, was in etwa bedeutet: kognitive Überforderung.

> An einzelne Schüler gerichtete Erklärungen sind während der Bearbeitung einer Aufgabe durch die ganze Klasse so kurz wie möglich zu halten.

Natürlich ist es am besten, wenn es gar nicht so weit kommt, weil der Lehrer bereits vorher seine Anweisungen so gegeben hat, dass *jeder* Schüler weiß, was er zu tun hat.

→ **Verfahrensablauf: Für Ruhe im Klassenzimmer**
Es gibt zahlreiche Anlässe, während denen der Lehrer absolute Ruhe in der Klasse braucht, z. B. wenn er eine Aufgabe erklärt. Warum ist Ruhe nötig? Wenn Schüler in solchen Situationen nicht zuhören, wissen sie hinterher nicht, was sie zu tun haben. Die negativen Konsequenzen sind:
- Die betreffenden Schüler sind frustriert, weil sie nicht genau wissen, was sie tun sollen. Diese negativen Gefühle untergraben ihre Möglichkeiten der Eigensteuerung. Das wiederum erhöht das Risiko, dass sie zu stören beginnen.
- Als Konsequenz muss der Lehrer gegen das Störverhalten dieser Schüler vorgehen.
- Zusätzlich muss er ihnen das erklären, was sie nicht verstanden haben.

> Der Lehrer provoziert selbst Unruhe in seinem Klassenzimmer, wenn er sich dazu hinreißen lässt, seinen Schülern wichtige Anweisungen zu geben, während diese alles andere tun, außer zuzuhören.

Der Lehrer sollte alles daran setzen, dass seine Schüler seine Anweisungen verstehen. Dazu gehört an erster Stelle, dass sie ihm aufmerksam zuhören. Dazu müssen sie ihn anschauen; denn im selben Moment, in dem sie ihren Blick abwenden, hören sie ihm schon nicht mehr richtig zu.

> **Der Lehrer braucht einen Verfahrensablauf, der ihm die maximale Aufmerksamkeit seiner Schüler dann garantiert, wenn er etwas Wichtiges erklärt.**

Um das zu gewährleisten, kann der Lehrer, statt immer wieder aufs neue um Ruhe zu bitten, ein akustisches Signal geben, zum Beispiel eine Glocke läuten.

Herr Streibert sagt: »Ich möchte mit euch ein Verfahren einüben, das wir immer dann durchführen, wenn ich eure volle Aufmerksamkeit brauche, z.B. wenn ich etwas Neues erkläre. Dann müsst ihr besonders gut aufpassen, damit ihr alles gut versteht. Dann könnt ihr auch die Aufgaben, die ich im Anschluss daran gebe, gut lösen. Damit ihr wisst, wann ihr besonders gut aufpassen müsst, klingele ich dann immer mit einer Glocke. Dann muss es in der Klasse mucksmäuschenstill sein und jeder muss mich anschauen. Habt ihr dazu Fragen?«

Bei jüngeren Schülern geht er wie folgt vor:

- Er hat die wichtigsten Punkte dieses Ablaufs bereits an der Tafel visualisiert und erklärt sie jetzt noch einmal.
- Er lässt sich den Ablauf dieses Verfahrens noch einmal von einem oder zwei seiner Schüler exakt wiederholen.
- Er übt den Verfahrensablauf sofort ein.

Er sagt: »Ihr dürft jetzt mit eurem linken Nachbarn sprechen, z.B. darüber, was ihr gestern gemacht habt, was eure Lieblingssendung im Fernsehen ist oder welche Hobbys ihr habt. Dann gebe ich euch das Signal mit der Glocke. In dem Moment werdet ihr ruhig und schaut mich an.«

Nach ca. zwei Minuten klingelt Herr Streibert.

Wichtig ist jetzt: Auch wenn seine Schüler nicht korrekt reagieren, ermahnt er niemanden und er gibt keine Hinweise, was seine Schüler tun sollen. Das wäre schon wieder zu viel gesprochen. Mit viel Reden, Erklären und Diskutieren unterbricht er den Lern- und Unterrichtsfluss (siehe dazu Kounin 1976 und Nolting 2007) und untergräbt seine Autorität.

Er hat also einmal geklingelt; jetzt wartet er, ohne zu sprechen, so lange ab, bis alle seine Schüler ruhig sind und ihre Augen auf ihn gerichtet haben. Das kann beim ersten Mal eine ganze Weile dauern.

Wenn das gut klappt, bedankt er sich sofort und lobt seine Schüler: »Danke, das habt ihr prima gemacht.« Vermutlich klappt es aber nicht beim ersten oder zweiten Anlauf. Dann fährt Herr Schubert wie folgt fort:

- Er erklärt noch einmal detailliert den ganzen Verfahrensablauf.
- Er lässt ihn noch einmal von ein oder zwei Schülern exakt wiederholen.
- Er übt den Ablauf sofort nochmals ein.

Dann lässt er seine Schüler wieder ca. 2 Minuten mit ihrem rechten Nachbarn sprechen, gibt das Klingelsignal und wartet, bis seine Schüler ruhig sind und ihn anschauen.

Eventuell übt er das Ganze ein weiteres Mal – aber aus einer anderen Situation heraus. Er lässt zwei Schüler ihre Bleistifte spitzen, zwei an den Computern sitzen, fünf Schüler etwas zeichnen und die restlichen etwas von der Tafel abschreiben. Dann gibt er wieder das Klingelzeichen. Wieder spart er nicht mit Lob für seine Schüler, wenn sie es geschafft haben.

Natürlich muss Herr Streibert das nicht so machen. Er kann statt dessen den Verfahrensablauf einfach nur erklären, ohne ihn einzuüben. Aber was, wenn sich nur wenige Schüler daran halten? Schon ist er verführt zu sagen: »Habt ihr nicht gehört, dass ich geklingelt habe?«, oder: »Ich hab es euch doch schon dreimal erklärt«, oder: »Könnt ihr denn nicht einmal so etwas Einfaches wie ruhig werden?« Und schon überwiegt negative »Mecker-Kommunikation«; die kann zwar kurzfristig zur Beruhigung führen – langfristig ist sie aber kontraproduktiv. Und selbst wenn der Lehrer noch so sehr recht hat: Mit dieser Form der Kommunikation reduziert er selbst seine Chancen, dass seine Schüler in Zukunft mit ihm kooperieren.

Natürlich muss er bei 15-Jährigen anders vorgehen; er kann nicht dreimal mit ihnen diesen Ablauf einüben. Aber er muss damit rechnen, dass es unter seinen Schülern einige gibt, die ihn herausfordern und provozieren wollen. Gerade Abläufe, die Ruhe verlangen, öffnen einem solchen Verhalten der Schüler Tür und Tor, denn sie sind besonders »störanfällig«. Und dann? Es bieten sich folgende Möglichkeiten an:

- Er ist innerlich darauf vorbereitet, dass es in seiner Klasse Schüler geben wird, die ihn provozieren.

- Was auch passiert: Er bleibt vor der Klasse innerlich ruhig und gelassen, ohne sich von diesen Schülern vorführen zu lassen.

- Es sucht sofort das Gespräch mit diesen Schülern, zunächst nach Unterrichtsschluss. Wenn das keine Besserung erzielt, muss er bald weitere Möglichleiten ergreifen, um die Situation unter Kontrolle zu bringen, z.B. sich mit seinen Kollegen austauschen, die Eltern informieren oder das Thema im Klassenrat ansprechen.

Natürlich kann es auch sein, dass die Schüler zwar aufpassen, aber trotzdem nicht verstehen, was ihr Lehrer meint. Dass es wichtig ist, Schülern Anweisungen und Aufgaben gut zu erklären, ist allen Lehrern bekannt. Trotzdem muss dieser Punkt wegen seiner enormen Bedeutung im Classroom-Management hier kurz berührt werden; denn es bedeutet immer einen ganz erheblichen Unruhefaktor, wenn der Lehrer noch einmal für einige Schüler »nacherklären« muss – was in der Praxis extrem häufig vorkommt. Wenn Schüler die Anweisungen ihres Lehrers nicht korrekt verstehen, hängt das oft zusammen mit:

- schwachen kognitiven Kapazitäten der Schüler;
- ihrer reduzierten Aufmerksamkeitsspanne;
- ihren schwachen Deutschkenntnissen;
- ihrer geringen Motivation;
- Unruhe im Klassenzimmer.

Was Sie als Lehrer tun können: Überprüfen Sie bitte einfach einmal während zwei oder drei Unterrichtsstunden, ob Ihre Schüler Ihre Anweisungen verstanden haben oder ob es immer einige gibt, bei denen das häufiger nicht der Fall ist. Tragen Sie die Namen dieser Schüler auf einer Liste ein. Versuchen Sie dann in Zukunft Ihr Augenmerk stärker auf diese Schüler zu richten; Sie ersparen sich damit Mehrarbeit und ihren Schülern unnötige Frustrationen. Sie machen damit einen großen Schritt in Richtung auf ein professionelleres Classroom-Management.

→ **Verfahrensablauf: Der Weg zur Bibliothek**

Frau Frentzen plant mit ihren Schülern der sechsten Klasse einen Besuch in der Bibliothek. Dazu müssen die Schüler zunächst einmal den Weg in die Bibliothek ruhig bewältigen. Zunächst verschafft sich Frau Frentzen darüber Klarheit, welche

Anforderungen sie dabei an ihre Schüler stellen möchte. Dürfen die Schüler beim Gang in die Bibliothek flüstern? Oder soll dabei kein Wort fallen, weil es in der Schulordnung so vorgesehen oder weil das Schulhaus so hellhörig ist? Natürlich muss Frau Frentzen mit ihren Schülern auch vorbesprechen, wie sie sich in der Bibliothek zu verhalten haben. Beim folgenden Beispiel geht es aber »nur« um den Weg in die Bibliothek. Frau Frentzen möchte, dass ihre Schüler dabei höchstens leise miteinander flüstern, aber nicht laut lachen oder sprechen. Wir gehen hier davon aus, dass Frau Frentzen bereits mit ihren Schülern besprochen und eingeübt hat, was »flüstern« bedeutet. Sie geht wie folgt vor:

- *Schritt 1:* Sie erklärt ihren Schülern: »Ich möchte euch heute unsere Bibliothek zeigen. Als Erstes müssen wir aber zur Bibliothek gehen. Dabei müssen wir durch den Flur. Ich möchte, dass ihr dabei nur leise miteinander flüstert, damit die Schüler der anderen Klassen nicht gestört werden. Wir üben jetzt als Erstes einmal, wie wir so in die Bibliothek gehen, dass es bei leisem Flüstern bleibt. Wir gehen in Zweier-Reihen.«

- *Schritt 2:* Sie führt folgende visuellen Signale ein:
  - Eine rote Karte für »Stopp«.
  - Eine grüne Karte für »weitergehen«.
  - Eine schwarze Karte für »Stopp, es geht zurück in die Klasse. Wir starten von vorne.«

Dann prüft sie, ob die Schüler die Signale kennen.

- *Schritt 3:* Sie zeigt ihren Schülern, wie sie sich in Zweier-Reihen aufstellen. Dazu teilt sie die Schüler in Zweier-Gruppen oder Paare ein. In einer sehr unruhigen Klasse oder mit jungen Schülern stellt sich jedes Paar auf ihr Zeichen hin vor der Türe auf.

- *Schritt 4:* Dann geht es los; die Schüler und Frau Frentzen setzen sich in Bewegung. Natürlich hört sie bald, wie einige Schüler lachen. Natürlich ist es schwierig für Frau Frentzen, herauszufinden, wer das gewesen sein könnte. Wie reagiert sie?
- *Schritt 5:* Sie zeigt die schwarze Karte: »Stopp, es geht zurück in die Klasse. Wir starten von vorne.«
- *Schritt 6:* In der Klasse angekommen, bespricht sie noch einmal kurz, um was es geht und wie die Zeichen sind.
- *Schritt 7:* Es geht los zum zweiten Versuch. Natürlich lachen irgendwann wieder einige Schüler oder sind laut.
- *Schritt 8:* Sie zeigt wieder die schwarze Karte. Natürlich fangen langsam die ersten Schüler zu murren an, oder sie signalisieren mit verzweifeltem Blick, dass sie Frau Frentzen für ziemlich »uncool« halten. Das ist normal – für Frau Frentzen kein Grund zur Aufregung.

Als sie mit den Schülern in der Klasse ankommt, erklärt sie nichts mehr, sie muss auch nicht tadeln, sondern sie kann einfach zum dritten Versuch starten.

- *Schritt 9:* Die Klasse hat es bis fast in die Bibliothek geschafft, da platzt ein Schüler mit lautem Lachen heraus. Ohne zu reden und ohne sich aufzuregen, zeigt Frau Frentzen die schwarze Karte: »Stopp, es geht zurück in die Klasse. Wir starten von vorne.« Jetzt gibt es absolutes Unverständnis unter ihren Schülern, manche zweifeln gar an ihrem Verstand. Das ist normal.

Wenn der Lehrer nur zur Hälfte auf seinen Forderungen besteht, dann macht *er selbst* das zunichte, was er zuvor erarbeitet hat.

- *Schritt 10:* Das war jetzt der dritte Versuch! Frau Frentzen könnte versucht sein, ihren Schülern Vorwürfe zu machen, wie etwa: »Das schafft ihr wohl nie.« Das wäre allerdings ein schwerer Fehler. Gerade jetzt, wo die Schüler »genervt« und mit ihren Kräften am Ende sind, würde sie mit derart sarkastischen Bemerkungen die *ganze* Klasse gegen sich aufbringen – und damit würde der Verfahrensablauf zum Machtkampf. Ihre Schüler haben sich angestrengt; sie brauchen Ermutigung, keine Kritik. Frau Frentzen sagt: »Ihr werdet immer besser. Wir haben es schon fast bis in die Bibliothek geschafft. Probieren wir es noch mal. Ich bin sicher, ihr könnt es schaffen.« Statt zu meckern, motiviert sie ihre Schüler, letzten Einsatz zu zeigen.

> Beim Einüben anspruchsvoller Verfahrensabläufe ist der Lehrer gleichsam eine Mischung aus Coach und Cheerleader, der sein Team zu Höchstleistungen anspornt.

- *Schritt 11:* Und wenn es ihre Schüler dann in die Bibliothek geschafft haben, lobt sie sie: »Das habt ihr jetzt wirklich prima gemacht. Ich bin stolz auf euch.« Sie lächelt ihren Schülern zu. Und wenn sie selbst mitspürt, wie anstrengend das für ihre Schüler war, und stolz auf deren Einsatz ist, dann kommt ihr Feedback von innen – und es kommt bei allen an. Und damit hat sie ihre Klasse wieder auf ihrer Seite. Ihre Beziehung zur Klasse ist sogar besser geworden, weil sie gemeinsam viel erreicht haben.
- *Schritt 12: Der Rückweg:* Nach der Besichtigung der Bibliothek geht es auf den Rückweg. Für ihn gelten genau die gleichen Bedingungen wie für den Hinweg, nur ist diesmal der Start in der Bibliothek. Vor dem Start erklärt Frau Frentzen wieder, wie ihre Schüler in ihre Klasse zurückkehren sollen.

Wenn ihr Lob in Schritt 10 und 11 gut »rüberkam«, sind die Chancen groß, dass es ihre Schüler jetzt beim ersten Versuch schaffen.

Zurück in der Klasse brauchen die Schüler eine Einheit, in der sie selbst aktiv sein dürfen, wie etwa: *Was hat euch in der Bibliothek am besten gefallen?*

Am besten rechnet der Lehrer von vorneherein damit, dass das Einüben mit erheblichen Problemen verbunden sein wird, und stellt sich mental darauf ein.

Wenn ein Schüler stört, so wird er in der Regel durch einige Mitschüler dadurch belohnt, dass diese das »cool« finden. Das ändert sich schnell, wenn der Lehrer Verfahrensabläufe wie den »Weg in die Bibliothek« so übt, wie es oben beschrieben wurde. Ist das Störmanöver beim ersten Mal vielleicht noch sehr lustig, sieht das schnell ganz anders aus, wenn die ganze Klasse, einzig und allein wegen dieses Mitschülers, den Verfahrensablauf mehrfach wiederholen muss. Sein Stören findet jetzt keine soziale Anerkennung mehr. Im Gegenteil, er geht damit seinen Mitschülern immer mehr auf die Nerven. Damit wird es für ihn zunehmend unattraktiver, sich störend zu verhalten.

Aber auch das Gegenteil kann eintreten: nämlich, wenn der Schüler versucht, durch extremeres Auffallen verlorenes Terrain zurückzugewinnen. Frau Frentzen ist für diese Dynamik sensibel und spricht einen solchen Schüler nach der Stunde an: »Harry, ist dir aufgefallen, dass dich viele deiner Mitschüler genervt angeschaut haben, weil sie wegen deines Störens zweimal den Weg in die Bibliothek üben mussten?« Vermutlich ist Harry nichts aufgefallen. In der Folge macht sie sich mit Harry darüber Gedanken, was er lernen muss, um Freunde zu finden.

4.3 Die Pflege des Classroom-Management-Systems

Während der ersten zwei Wochen lief in Frau Carlsons Klasse alles rund. Doch dann schlichen sich ganz allmählich erste Probleme ein. Wenn Frau Carlson etwas an der Tafel erklärte, begannen einige Schüler der hinteren Sitzreihe leise miteinander zu sprechen. Als Frau Carlson ihre Schüler zur Rede stellte, sagten sie, sie hätten nicht verstanden, was sie genau tun sollten.

Einige Tage später zeigten sich erste Zeichen für ein sich in der Klasse entwickelndes »Postsystem«. Schüler reichten Briefe von einem Schüler an einen anderen weiter. Einige Schüler fingen, wenn sie etwas sagen wollten, damit an, in die Klasse hineinzurufen, ohne sich zu melden. Frau Carlson wies die Schüler zwar zurecht, hatte sie aber zuvor zu Wort kommen lassen. Kurze Zeit später meinte ein Schüler auf Frau Carlsons Ermahnung hin: »Ja, ich weiß, ich habe wieder vergessen, mich zu melden. Aber das muss ich Ihnen jetzt noch unbedingt schnell sagen …« Und dann setzte er zu einer kurzen Erzählung an, ohne dass ihn Frau Carlson unterbrach. Am Schluss sagte sie freundlich: »Gell, das nächste Mal meldest du dich aber, wenn du etwas sagen möchtest«, worauf der Schüler intensiv bestätigend nickte.

Während der Mathematikstunde arbeitete Frau Carlson mit einer Kleingruppe. Zunehmend wurde die Klasse unruhiger, und einige Schüler teilten mit, dass ihnen die Aufgabe, die sie während dieser Zeit bearbeiten sollten, unklar sei.

Unruhe und Durcheinander entstehen selten von einem Moment auf den anderen, sondern sie schleichen sich allmählich ein. Dem von außen kommenden Beobachter fällt dann auf, dass die Klasse unruhig ist, und es ist im Nachhinein kaum möglich, die Gründe dafür zu ermitteln.

Bei Frau Carlson fallen folgende Fehler auf:

- Ihr Monitoring der Klasse ist unzureichend. Sie reagiert zu spät und viel zu wenig auf die sich abzeichnende Unruhe.
- Sie überprüft zu wenig, ob die Schüler ihre Aufgabenanweisungen auch wirklich exakt verstanden haben.
- Sie ist inkonsequent bezüglich ihrer Verfahrensabläufe. Zwar hat sie ihren Schülern erklärt, dass sie sich melden müssen, aber sie reagiert nicht konsequent, wenn Schüler einfach dazwischenrufen. Ermahnungen wie »Gell, das nächste Mal meldest du dich aber, wenn du etwas sagen möchtest« sind ungeeignet, um Verfahrensabläufe zu festigen.
- Indem sie auf ein beginnendes Fehlverhalten ihrer Schüler nicht reagiert, ermutigt sie diese ungewollt dazu, auszuprobieren, wie weit sie gehen können.
- Im Laufe der Zeit richtet sich ihre Aufmerksamkeit immer stärker auf das unangemessene Verhalten ihrer Schüler. Sie verfällt immer mehr ins Ermahnen und Zurechtweisen, ohne dass sich ihre Schüler dadurch ändern.

Viele Klassen zeigen sich in den ersten Tagen von ihrer Schokoladenseite. Davon sollte sich der Lehrer aber nicht einlullen lassen und sein Engagement fürs Classroom-Management reduzieren; denn sonst kann es sein, dass sogar in sehr gut gestarteten Klassen bald Chaos und Durcheinander herrschen.

> Guter Unterricht basiert auf höchster Präsenz des Lehrers – von der ersten Sekunde bis zur letzten.

→ **Monitoring**

Kein Lehrer kann seine Aufmerksamkeit gleichzeitig auf alle Aspekte des Klassenlebens richten; damit wäre jeder überfordert. Aber worauf soll er besonders achten?

Zwei Aspekte sind wichtig:
- Sind seine Schüler beim Lernen engagiert?
- Halten sie die Verfahrensabläufe und Klassenregeln ein?

Der erste Punkt zeigt sich z. B. an den Noten oder daran, wie sorgfältig die Schüler ihre Hausaufgaben erledigen oder im Unterricht mitarbeiten. Der Lehrer muss diese Aspekte im Auge behalten, was mit einem guten Dokumentationssystem nicht so schwierig ist.

Das Monitoring der Verfahrensabläufe und Klassenregeln ist weniger einfach. Es ist nur möglich, wenn der Lehrer die ganze Klasse überblicken kann und wenn er weiß, was seine Schüler tun.

Wenn der Lehrer etwas erklärt, muss er alle Schüler im Auge haben. Manche Lehrer richten dabei allerdings ihre Aufmerksamkeit nur auf einige wenige Schüler, z. B. diejenigen, die in der Mitte der Klasse oder vorne sitzen, oder auf die, die ihnen sympathisch sind. Andere »sprechen« mit der Tafel. Der Lehrer weiß nicht, ob seine Schüler, vor allem die an der Peripherie, seinen Ausführungen auch wirklich zugehört haben und ob sie sich korrekt verhalten.

Wenn es Unruhe in der Klasse gibt, ohne dass der Lehrer weiß, warum, so ist das ein Zeichen dafür, dass er nicht exakt genug beobachtet, was wirklich passiert.

> Die Schüler müssen den Eindruck haben, dass ihr Lehrer Augen im Hinterkopf hat, wenn er etwas an der Tafel erklärt (Kounin 1976).

Dass der Lehrer stets auf alle Schüler achten muss, gilt auch dann, wenn er einem Schüler in Einzelarbeit etwas erklärt – diese sollte zeitlich auf ein bis zwei Minuten begrenzt sein:

Dann muss der Lehrer bereits wieder kurz überprüfen, was in der Klasse aktuell geschieht.

Je nachdem, wie die Tische der Schüler angeordnet sind, kann es sein, dass der Lehrer einige Schüler in seinem Rücken hat, wenn er sich einem einzelnen Schüler zuwendet. Das ist ein sehr ungünstiges Arrangement, weil manche Schüler schon dann unruhig werden, wenn der Lehrer sie für kurze Zeit nicht mehr im Blick hat.

In einem solchen Fall ist es besser, wenn der Lehrer den Schüler, dem er sich besonders zuwenden will, an einen Platz bittet, von dem aus er die ganze Klasse leicht überblicken kann, z. B. vorne am Lehrerpult oder an einem entsprechend eingerichteten Arbeitsplatz. Dabei sollte der Lehrer darauf achten, dass nicht gleichzeitig mehrere Schüler, die auf seine Hilfe warten, um diesen Platz herumstehen; denn dann besteht die Gefahr, dass sie sich gegenseitig ärgern, die Sicht des Lehrers auf die Klasse beeinträchtigen und die in der Nähe sitzenden Schüler ablenken. Das lässt sich am besten vermeiden, wenn der Lehrer mit seiner Klasse vereinbart hat, dass immer nur *ein* Schüler zu ihm kommen darf, und dies auch nur dann, wenn der Lehrer ihm das vereinbarte Zeichen gegeben hat.

Wenn mehrere Kleingruppen gleichzeitig arbeiten, ist der Lehrer besonders gefordert; denn dadurch ergeben sich für die Schüler viele »Gelegenheiten« zu stören. Oder die Schüler sprechen zwar miteinander, aber nicht über die zu bearbeitende Aufgabe. Zunächst muss der Lehrer sicherstellen, dass alle Kleingruppen auch wirklich wissen, welche Aufgaben sie wie zu arbeiten haben. Dazu kann er, nachdem er die Aufgaben erklärt hat, zunächst ein bis zwei Beispielaufgaben mit der gesamten Klasse bearbeiten und erst danach in die Kleingruppenarbeit wechseln lassen. Aber auch dann muss er permanent den

Verlauf der weiteren Arbeit überprüfen. Dazu wechselt er am besten von Kleingruppe zu Kleingruppe. Er muss wissen, ob die Schüler über die Aufgabe sprechen oder über etwas ganz anderes; das findet er nur dann heraus, wenn er direkt zu jeder Kleingruppe hingeht (Johnson et al. 2005).

Zu unterrichten ist vor allem auch deshalb so schwer, weil der Lehrer immer gleichzeitig mehrere Dinge tun muss: den Stoff sorgfältig und anschaulich erklären und gleichzeitig darauf achten, wie sich die Schüler verhalten – und dann noch auf Störungen angemessenen reagieren. Derart komplexe Anforderungen kann er nur bewältigen, wenn er ausgezeichnet auf seinen Unterricht vorbereitet ist.

→ **Je besser der Lehrer auf seinen Unterricht vorbereitet ist, desto geordneter ist sein Klassenzimmer**

> Gutes Classroom-Management besteht vor allem aus einem: Vorbereitung, Vorbereitung, Vorbereitung (Wong & Wong 2004).

Die Schüler von Herrn Knapp haben gerade Platz genommen und warten darauf, dass der Unterricht beginnt. Herr Knapp richtet noch schnell den Hellraumprojektor. Während er den Stecker in die Steckdose steckt, überblickt er nicht, was in der Klasse geschieht. Prompt nutzt ein Schüler die Gelegenheit, um den Bleistift eines Mitschülers abzubrechen.

Im Chemieunterricht will Herr Carls seinen Schülern ein Experiment vorführen. Er muss aber erst einige Teile dafür suchen. Die Schüler fangen an, sich zu langweilen und zu stören.

Auch Kleinigkeiten verleiten Schüler zum Stören.

Je länger die Schüler warten müssen und je weniger sie sich direkt angesprochen fühlen, desto größer wird das Risiko, dass sie stören.

Und wieder muss der Lehrer negativ eingreifen, weil er einen Schüler zurechtweisen muss.

Die Dynamik einer Störung besteht zum einen darin, dass der Schüler stört, zum anderen darin, dass der Lehrer sanktionierend reagieren muss.

Guter Unterricht besteht nicht aus irgendwelchen Psychotricks, mit denen der Lehrer seine Schüler ein für allemal in seinen Bann zieht, sondern in der sorgfältigen Planung und Durchführung von täglich tausend kleinen Schritten. Emmer, Evertson, Clements und Worsham (1984), Evertson, Emmer und Worsham (1984) oder Wong & Wong (2004) geben dazu zahlreiche Anregungen.

→ **Monitoring schwacher Schüler in der Kleingruppe**
Schwache Schüler brauchen mehr Unterstützung als starke; sie können oft nur begrenzt eigenständig lernen. Hingegen würde eine sehr enge Führung die Schüler mit guter Arbeitshaltung geradezu bremsen. Deshalb ist es zwar gut gemeint, aber ungünstig, wenn der Lehrer seine Aufmerksamkeit im Sinne eines »Gießkannenprinzips« gleichmäßig auf alle Schüler verteilt.

Um den schwächeren Schülern zu helfen, bietet es sich an, sie regelmäßig in Kleingruppenarbeit zusammenzufassen, während der Rest der Klasse in Einzelarbeit lernt. Der Lehrer sollte kurz begründen, warum er dies tut, damit es in der Klasse nicht zu Missstimmungen oder zur Ausgrenzung der schwächeren Schüler kommt. Herr Kunz macht das so: »Manche von euch sind stark im Fußball. Andere gut im Singen oder im Gedichtevortragen. So hat jeder Bereiche, in denen er besser ist, und andere Bereiche, wo er noch dazulernen muss. Fatma und Ali möchten sich im Deutschen verbessern, Julia im Rechnen und David beim Konzentrieren. Das ist von allen eine tolle Idee. Deshalb haben wir vereinbart, dass ich immer wieder einmal die vier zusammennehme, um ihnen dabei zu helfen, ihre Ziele zu erreichen. Möchte jemand etwas dazu sagen?«

Natürlich hat Herr Kunz vorher mit den vieren sein Vorgehen abgesprochen. Jetzt muss er nur noch die dazu nötigen Verfahrensschritte mit der ganzen Klasse besprechen und einstudieren. Dazu gehört:

- Herr Kunz erklärt der ganzen Klasse die Aufgabe für die stille Einzelarbeit.
- Er weist darauf hin, welches Material dazu nötig ist.
- Er bespricht die erste Aufgabe mit der ganzen Klasse.
- Dann arbeitet die ganze Klasse in stiller Einzelarbeit.
- Herr Kunz geht durch die Klasse und überzeugt sich davon, dass alle Schüler wissen, was sie zu tun haben und mit der Aufgabe starten.
- Dann gibt er das Signal »Gruppenarbeit«.
- Daraufhin begeben sich die vier Schüler leise und mit dem nötigen Material zu ihrem immer fixen Gruppenplatz.
- Herr Kunz begibt sich zur Kleingruppe und beobachtet von dort die Klasse. Dann gibt er den Schülern der Kleingruppe Hilfestellung; die vier Schüler dürfen einer nach dem anderen Fragen stellen, müssen aber leise sprechen.
- Zwischendurch überprüft Herr Kunz immer wieder die Arbeitsweise der Gesamtklasse.
- Auf sein Zeichen hin beendet die Kleingruppe ihre Arbeit.

- Die vier Schüler begeben sich, ohne ein Wort zu sprechen, zurück an ihren Platz.

Viele schwache Schüler haben Probleme mit dem Kurzzeit-Gedächtnis. Sie brauchen unbedingt »kleinschrittige«, visuell unterstützte Erklärungen, auf die sie jederzeit zurückgreifen können. Gute Hinweise dazu geben Brüning und Saum (2007).

> Der Unterricht wird »flüssiger«, wenn sich der Lehrer um schwache Schüler kümmert, weil sich diese dann mehr angesprochen und unterstützt fühlen.

→ **Wochenarbeit**

Heute stellen viele Lehrer Aufgaben, an denen die Schüler längere Zeit arbeiten, z.B. eine Woche. Die Idee dahinter ist, ihre Selbständigkeit zu fördern. Was für manche eine angemessene Herausforderung darstellt, überfordert vor allem Schüler mit geringen Möglichkeiten zur Eigenkontrolle. Diese Schüler brauchen erstens Zwischenziele, zweitens muss der Lehrer gerade bei ihnen den Aufgabenfortschritt regelmäßig überprüfen; andernfalls beginnen sie mit ihrer Aufgabe am Tag vor dem Abgabetermin und werden dann nicht mehr fertig. Die dadurch ausgelösten negativen Emotionen färben die Leistungsmotivation und die Überzeugung eines Schülers von seiner Selbstwirksamkeit negativ ein – und die damit verbundenen Konflikte zwischen Lehrer und Schüler belasten deren Beziehung.

→ **Kooperatives Lernen**

Je mehr der Unterricht an den Bedürfnissen der Schüler ankoppelt, desto einfacher ist das Classroom-Management. Aber welche Bedürfnisse haben Schüler? *Freunde treffen* und *mit ande-*

ren reden, so Blaser (Blaser et al. 2000). Aber auch *aktiv sein* steht bei ihnen hoch im Kurs.

Der Ansatz des kooperativen Lernens spricht die Schüler genau dort an und bietet damit exzellente Möglichkeiten für einen guten Unterricht. Weit über 500 Studien belegen die Vorteile einer gut geführten kooperativen Gruppenarbeit gegenüber einem traditionellen, wettbewerbsorientierten und auf den einzelnen Schüler bezogenen Unterricht (Johnson et al. 2005), z.B.:

- Gesteigertes Wohlbefinden und Selbstwertgefühl. Wie wichtig diese Aspekte sowohl für die Entwicklung der gesamten Persönlichkeit als auch für ein gutes Lernen sind, zeigen die zwei momentan interessantesten Bereiche der akademischen Psychologie, nämlich die Gehirnforschung (Spitzer 2003, Spitzer & Bertram 2007) und die positive Psychologie (Fredrickson 2003, 2006; Eichhorn 2007).
- Gesteigerte Anstrengungs- und Leistungsbereitschaft:
  - Die Schüler verbringen mehr Zeit mit Lernen.
  - Sie benutzen komplexere Problemlösestrategien.
  - Der Transfer des Gelernten von einer Situation auf eine andere ist besser.
  - Die Schüler zeigen eine höhere Leistungsmotivation.
  - Die Schüler zeigen eine positivere Haltung gegenüber Lernen und Schule.
- Die Schüler kommen auch untereinander besser aus, und zwar aufgrund
  - einer gesteigerten persönlichen Übernahme von Verantwortung in Bezug auf Mitschüler und Lerngruppe;
  - einer intensiveren emotionalen Anteilnahme an den Mitschülern;
  - einer höheren Bereitschaft, anderen zuzuhören und sich auf deren Gedanken einzulassen;

– einer größeren interpersonellen Anziehung und Sympathie zwischen den Gruppenmitgliedern.

Das Thema ist zu komplex, als dass es im Rahmen dieses Buches ausführlich behandelt werden könnte. Eine gute Einführung geben Johnson, Johnson und Holubec (2005); sie gehören zu den kompetentesten Autoren, die zum Thema geschrieben haben.

→ **Gruppenfokussierung**

Frau Kranz übt mit der Klasse lesen. Dazu hat sie ein Plakat mitgebracht, auf dem die zu lesenden Wörter stehen. Die Schüler sitzen in einem Kreis. Frau Kranz zeigt auf das erste Wort und wendet sich an das erste Kind rechts von ihr: »Richard, wie heißt dieses Wort?« Richard liest. Dann kommt jedes weitere Kind der Reihe nach dran.

Frau Fulton übt mit ihren Schülern Kopfrechnen. Alle haben eine kleine Tafel, auf der sie das Resultat notieren können. Frau Fulton sagt: »Acht und vier.« Jeder Schüler schreibt jetzt das Ergebnis auf seine Tafel und hält sie hoch. Frau Fulton kann sehen, wer welches Ergebnis hat.

Bei Frau Kranz löst immer nur der Schüler die Aufgabe, der gerade dran ist. Die anderen müssen nicht mitdenken: Die Fokussierung auf die Gruppe ist sehr gering. Im Falle von Frau Fulton sind alle Schüler aktiv; bei ihr ist die Fokussierung auf die Gruppe hoch. Eine hohe Gruppenfokussierung bedeutet, dass alle Schüler möglichst häufig das Gefühl haben, dran zu sein. Bei einer hohen Gruppenfokussierung überträgt der Lehrer erst der Klasse klare Aufgaben, bevor er sich dann einem Schüler zuwendet (mehr dazu in Kounin 1976).

> Je mehr sich die Schüler angesprochen fühlen, desto mehr lernen und desto weniger stören sie.

Teil 5

Regeln und Konsequenzen

Überall, wo Menschen zusammenkommen, entstehen Neid, Konflikte, Missgunst, Eifersucht und viele andere Emotionen, die die Kohärenz einer Gruppe bedrohen. Dies gilt umso mehr für den Zwangskontext Schule, in dem sich niemand aussuchen kann, mit wem er das Klassenzimmer teilt und zusammenarbeitet. Klassenregeln haben die Aufgabe,

- einen störungsfreien Unterricht zu gewährleisten;
- Emotionen, die den Zusammenhalt der Klasse bedrohen könnten, einzugrenzen und ein positives Lernklima zu unterstützen.

5.1 Klassenregeln und die Folgen, wenn diese nicht eingehalten werden

Bei einem unruhigen Klassenzimmer oder wenn Schüler Regeln nicht einhalten, setzen viele Lehrer zu früh auf negative Konsequenzen, statt zunächst das ganze Repertoire anzuwenden, welches das Classroom-Management zu bieten hat. Negative Konsequenzen sind der letzte Schritt nach einer Reihe von weniger aversiven Maßnahmen, um zu einem geordneten Klassenzimmer zu kommen; sie können ein unzureichendes Class-room-Management nicht ersetzen.

→ **Die eigene Messlatte etablieren**

Was ist eigentlich ein angemessenes Verhalten von Schülern? Das sieht nicht nur jeder Lehrer anders, sondern das ist dem Lehrer selbst nicht immer so klar. Dafür gibt es zahlreiche Gründe, wie z.B. seine Stimmungslage. Wenn er sich etwa müde und schlecht fühlt, dann lässt er – weil ihm jetzt gar nicht nach Auseinandersetzungen mit seinen Schülern zumute ist – vermutlich mehr durchgehen, als wenn er sich voller Energie und psychisch stark fühlt.

> Um zu einem »geordneten« Klassenzimmer zu kommen, braucht der Lehrer
> - klare Vorstellungen davon, welche Maßstäbe ihm wichtig sind, und
> - Energie, um sich dafür einzusetzen, dass seine Schüler seine Maßstäbe einhalten.

So gehen Sie vor:
- *Schritt 1:* Überlegen Sie, was für Sie ein angemessenes Verhalten ist, beispielsweise in Bezug auf
  - den sozialen Umgang miteinander;
  - die Einhaltung von Verfahrensabläufen;
  - den Lärmpegel in der Klasse.
- *Schritt 2:* Manche Standards, wie z.B. ein sozialer Umgang innerhalb der Klasse, bleiben konstant, auch wenn sich die Unterrichtsmethode ändert. Andere, wie z.B. der erlaubte Lärmpegel, variieren ein wenig je nach der Unterrichtsmethode. Überlegen Sie, wie sich welche Ihrer Erwartungen in Abhängigkeit von der Unterrichtsmethode – wie Klein-

gruppenarbeit, Einzelarbeit, Klassendiskussion usw. – ändern.

- *Schritt 3:* Sprechen Sie sich mit Kollegen ab. Das schärft den eigenen Blick für das, was einem wirklich wichtig ist.

> Wenn der Lehrer seine Standards klar definiert hat, muss er nicht bei jeder Störung neu überlegen, wie er reagieren soll.
> Das hat zwei Vorteile:
> - Es spart ihm Zeit, Energie und Nerven.
> - Es macht ihn für seine Schüler berechenbar.

→ **Der andere ist das Problem**

Um die Regeln für das Zusammenleben in der Klasse aufzustellen, beginnen viele Lehrer mit Fragen an die Schüler wie:

- Was nervt dich in der Klasse?
- Was soll in der Klasse anders werden?
- Wie möchtet ihr, dass sich eure Mitschüler verhalten?

Diese Fragen zielen zwar in eine richtige Richtung, bergen aber ein erhebliches Risiko: Sie lenken den Fokus des Schülers von sich weg und auf seine Mitschüler hin. Diese Fragen veranlassen ihn, darüber nachzudenken, was andere falsch machen – nicht darüber, was er selbst anders machen könnte. Damit stehen immer die anderen im Mittelpunkt; die Verantwortung für das soziale Zusammenleben und das Klima in der Klasse scheint bei den anderen zu liegen. Diese sind das Problem, wenn es in der Klasse Spannungen und Konflikte gibt. Damit ist der von einer solchen Frage Angesprochene fein raus – sogar dann, wenn er selbst der größte Unruhestifter oder der aggressivste Schüler der Klasse ist.

→ **Klassenregeln konkret**

> Wenn der Lehrer nicht bestimmt, was im Klassenzimmer gilt und was nicht gilt, dann bestimmen dies die Schüler (Jones, 2000).

Klassenregeln sollen sich so weit wie möglich an den Schulregeln, die für die gesamte Schule gelten, orientieren. Vier bis fünf Klassenregeln sind ausreichend, um alle wichtigen Aspekte abzudecken. Sie könnten z. B. so lauten:

- Ich respektiere alle, die an unserer Schule sind.
- Ich höre gut zu, wenn andere sprechen.
- Ich bin im Klassenzimmer ruhig. Dazu gehört z. B. auch, dass die Schüler an ihren Plätzen sitzen und nicht aufstehen, sich melden, wenn sie etwas mitteilen möchten oder eine Frage haben, und z. B. während des Unterrichts keine Kaugummis kauen.
- Ich bereite mich für jede Unterrichtsstunde gut vor. Diese Regel schließt auch ein, dass die Schüler die für jede Schulstunde nötigen Arbeitsmaterialien dabeihaben.

Andere sinnvolle Regeln sind:

- Ich passe im Unterricht auf und beteilige mich.
- Ich spreche und verhalte mich höflich.
- Ich achte das Eigentum anderer und der Schule.
- Ich befolge die Anweisungen meiner Lehrer.

Auf die Frage, ob der Lehrer die Regeln vorgeben, oder sie mit der Klasse erarbeiten soll, gibt es keine eindeutige Antwort. Bei »schwierigen« Klassen mit älteren Schülern kann es besser sein, wenn der Lehrer die Regeln vorgibt; andernfalls besteht die Gefahr, dass die Schüler sich über das gemeinsame Einführen der

Regeln lustig machen und damit die Autorität des Lehrers untergraben.

Man braucht sich nicht zu wundern, wenn derartige gutgemeinten Versuche des Lehrers fehlschlagen; denn tatsächlich haben die Schüler bei dieser Diskussion nur ein sehr begrenztes Mitspracherecht. Bestimmte Regeln wie »ruhig sein, wenn andere sprechen«, »die Hausaufgaben machen«, »pünktlich sein«, »sich sozial angemessen verhalten« muss der Lehrer einfach vorgeben; darüber kann gar nicht diskutiert werden. Für viele Schüler passen der Zwangskontext Schule und Diskussionen über Klassenregeln nicht zusammen. Sie erleben die Regeldiskussion als Scheindemokratie, mit der ihr Lehrer sie ködern will. In einem solchen Fall hat der Lehrer mit diesem Vorgehen keine Chance. Was soll er statt dessen tun?

Dann ist schon besser, den Schülern reinen Wein einzuschenken, z.B.: »Meine Aufgabe hier ist es, für einen guten Unterricht zu sorgen und euch für einen guten Start in den Beruf vorzubereiten. Das ist nur möglich, wenn alle, ich eingeschlossen, bestimmte Regeln einhalten. Wenn ein Durcheinander herrscht, kann keiner lernen. Ich werde deshalb alles in meiner Kraft Stehende tun, um dies zu erreichen« (vgl. Grüner & Hilt 2004). Eine solche Ansprache versteht jeder Schüler.

Wenn sich der Lehrer aber dafür entscheidet, die Klasse bei der Diskussion über Regeln einzubeziehen, bieten sich folgende Fragen an:
- Was ist wichtig, damit ihr euch in unserer Klasse wohlfühlt und gut lernen könnt?
- Warum sind Regeln, wie z.B. Spielregeln, erforderlich?
- Was wäre, wenn es keine Regeln gäbe?
- Welche Regeln kennt ihr bereits (z.B. im Straßenverkehr: bei einer roten Ampel stehen bleiben)?
- Was wollen wir in der Klasse nicht akzeptieren?

- Warum sind bei der Nichteinhaltung von Regeln Konsequenzen erforderlich?

Allerdings darf sich der Lehrer nicht der Illusion hingeben, dass *Einsicht* in den Sinn von Regeln automatisch *Regeleinhaltung* zur Folge habe. Selbst wenn seine Schüler den Sinn der Regeln noch so gut einsehen und sich auch an die Regeln halten *wollen*, bedeutet das noch lange nicht, dass sie sie auch einhalten *können*.

> Am besten geht der Lehrer davon aus, dass *den Sinn von Regeln einsehen* und *Regeln einhalten* zwei komplett unterschiedliche Dinge sind.

Wenn Schüler über die Einführung von Klassenregeln sprechen, können sie noch gar nicht antizipieren, was das für sie persönlich bedeutet. Meist bedeutet es nämlich, sich zu beschränken oder sich zurückzunehmen und das, was ihnen spontan in den Sinn kommt, nicht zu tun. Das verlangt Frustrationstoleranz und kostet Energie; dies ist auch ein Hauptgrund dafür, dass der Lehrer die Einhaltung der Regeln permanent einfordern muss.

→ **Soziales Verhalten im Fokus**

Herr Streibert spricht in seiner Klasse nicht nur darüber, welche Verhaltensweisen nicht vorkommen sollen, sondern er redet ausgiebig über die Fragen:

- Warum ist es wichtig, dass wir uns in der Klasse gut verstehen?
- Warum ist es ungünstig, wenn wir in der Klasse Streit haben?
- Was kann jeder von euch tun, damit wir gut miteinander auskommen?

Seine Schüler haben zum Thema »Was ich diese Woche tun werde, damit wir gut miteinander auskommen« folgende Antworten gesammelt:

- Mitschüler zum Geburtstag einladen;
- anderen helfen, wenn sie etwas nicht verstanden haben;
- freundlich »Guten Morgen« sagen;
- anderen etwas abgeben, z.B. Schokolade;
- mit anderen zusammen spielen.

Dann trifft er mit seinen Schülern ganz konkrete Vereinbarungen, und zwar anhand von Fragen wie: »Wer macht was, wie, wann, wo mit wem?« Dabei geht es nicht um »große« gute Taten, sondern um ganz kleine Dinge. Er weist schon jetzt darauf hin, dass er und die Schüler sich nach einigen Tagen zu diesem Thema wieder treffen werden, um zu besprechen, wie es jedem gelungen ist, etwas für die Klasse zu tun. Dann lobt er seine Klasse für ihre guten Einfälle und ihre gute Mitarbeit.

Er wiederholt diese Arbeitseinheit – bzw. einzelne Schritte davon –, vielleicht in abgewandelter Form, immer wieder einmal.

> Classroom-Management macht die Schüler für ihr Sozialverhalten verantwortlich.

→ **Reden, reden, reden**

Das kommt täglich hunderttausendmal in Schulzimmern vor: Zwei Schüler reden während des Unterrichts miteinander. Wie reagieren Sie?

Viele Lehrer sind mit Ermahnungen schnell zur Hand – viel zu schnell. »Harry und Roberta, seid ruhig.« Wie verführerisch ist es, sofort loszureden: »Habe ich euch nicht gerade erst vor zwei Minuten gesagt, dass ihr still sein sollt?« Die beiden schauen leicht überrascht, aber völlig unschuldig drein. Sie scheinen ihr Tun zu bereuen, denkt ihr Lehrer beruhigt. Aber dieser Unschuldsblick trügt: Natürlich bereuen die beiden ihr Tun nicht wirklich. Warum sollten sie auch? Ihr Unschuldsblick ist ein gutes Manöver, auch wenn es ihnen nicht bewusst ist; es soll ihren Lehrer davon abhalten, weitere Maßnahmen zu ergreifen.

Der Lehrer wendet sich jetzt wieder seiner ursprünglichen Aktivität zu – und Sie wissen bereits, wie die Geschichte weitergeht: Es vergehen keine drei Minuten, da sind Roberta und Harry wieder am reden. Jetzt ist ihr Lehrer langsam genervt. Sein Ton wird lauter, angespannter: »Roberta und Harry – das ist das letzte Mal!« Es hört sich so an, als würde er mit Konsequenzen drohen. Aber mit welcher Konsequenz? Wenn der Lehrer auf diese Frage keine Antwort hat, läuft seine Drohung ins Leere; er untergräbt seine eigene Autorität.

Aber hätten Sie eine Konsequenz parat?

Ein Fallbeispiel:

- *Schritt 1:* Als Roberta und Harry zu sprechen beginnen, ist ihr Lehrer gerade dabei, einem anderen Schüler etwas zu erklären. Jetzt unterbricht er dies; er sagt er leise und höflich: »Entschuldigung, einen Moment bitte.« Damit gibt er für seine Klasse ein Vorbild für höfliches und klares Verhalten. Der Schüler versteht, warum sich sein Lehrer plötzlich abwendet. Und dann atmet der Lehrer einmal tief durch, um sich innerlich auszubalancieren.

- *Schritt 2:* Dann wendet er sich in seiner gesamten Körperhaltung voll und ganz Roberta und Harry zu – und blickt beide an. Etwa 20 Sekunden lang sieht er sie an, ohne eine Wort zu sprechen. Sein Gesicht signalisiert Präsenz und Entspannung. Für 20 Sekunden zwei Schüler anzuschauen, ohne dabei ein Wort zu sprechen, ist eine sehr lange Zeit. Mit dieser

Geste verleiht er seinem Anliegen enormen Nachdruck; bei nur 10 Sekunden gilt dies weniger.

> Die schlechteste Strategie beim Management von Störungen besteht darin, dass der Lehrer redet und redet – die beste darin, dass er ruhig bleibt und mit seiner Körperhaltung reagiert.

- *Schritt 3:* Natürlich reagiert der Lehrer nicht überhastet; denn das wirkt wenig souverän. Und es kann von einigen Schülern als Kampfsignal missverstanden werden. Diese reagieren dann schnell übererregt und aggressiv. Ruhe hingegen vermittelt Kraft und Souveränität. Deshalb lautet das oberste Gebot in dieser Situation: »Slow down.«
- *Schritt 4:* Wenn das nicht hilft, geht der Lehrer mit langsamen Schritten auf die betroffenen Schüler zu und bleibt direkt vor ihrem Pult stehen. Ohne zu reden! Der Lehrer braucht nicht zu diskutieren. Die Schüler wissen, um was es geht.

Angenommen, der Lehrer entschließt sich jetzt dazu, verbal einzugreifen – was könnte er sagen? Er sagt: »Roberta und Harry« – kurze Pause –, »macht bitte mit der Aufgabe weiter.« Und sobald sie kooperieren, sagt er: »Danke.«

Beachten Sie bitte, dass der Lehrer nicht sagt: »Hört bitte mit Sprechen auf«, sondern er lenkt die Schüler mit seiner Ermahnung auf ihre Aufgabe hin – einer der wichtigsten Aspekte eines erfolgreichen Classroom-Managements.

> Ermahnungen sind kurz und teilen dem Schüler konkret mit, was er tun soll (Kounin 1976) – und nicht, was er nicht tun soll.

- *Schritt 5:* Natürlich verteidigt sich jetzt einer der beiden: »Was ist, ich hab' doch gar nichts getan.« Wie würden Sie reagieren? Am besten gar nicht. Unser Lehrer lässt sich auf keine Diskussion ein! Er sagt keinen einzigen Ton; stattdessen schaut er diesen Schüler für weitere 20 Sekunden an.

Warum antwortet der Lehrer dem Schüler nicht? Weil dann jeder Schüler durch Aussagen wie »Ich hab' gar nichts gemacht« oder »Der andere hat angefangen« den Lehrer in Diskussionen verwickeln könnte – und das wäre in diesem Moment ganz ungünstig; denn damit ließe sich der Lehrer von seinem Ziel, Disziplin einzurichten, abbringen. Und nur allein darum geht es jetzt.

- *Schritt 6:* Und wenn die Schüler nach einiger Zeit doch wieder reden?
  - Dann wendet sich der Lehrer den beiden zu und blickt sie an.
  - Er geht langsam auf sie zu.
  - Er beugt sich zu ihnen herunter.
  - Er sagt leise: »Ich habe euch jetzt bereits einmal ermahnt – ich werde eure Eltern benachrichtigen«, oder er legt, ohne zu sprechen, eine Warnkarte auf das Pult der beiden, die bedeutet, dass er bei der nächsten Störung die Eltern anrufen wird, oder er sagt: »Ich möchte nach Unterrichtsschluss mit euch reden.«

> Störungen managt der Lehrer durch klares Handeln.

- *Schritt 7:* Angenommen, die beiden verhalten sich tatsächlich angemessen und arbeiten mit. Wie würden Sie reagieren? Unser Lehrer signalisiert in diesem Fall mit einem kurzen, anerkennenden Kopfnicken, dass er ihre Bereitschaft, jetzt mitzuarbeiten, gesehen hat und sie entsprechend würdigt. Er gibt seinen Schülern zu verstehen: »Jetzt, nachdem ihr euch wieder kooperativ verhaltet, ist die Sache vorbei, ich trage euch nichts nach.« Dieser Punkt ist sehr wichtig. Denn der Vorfall muss für möglichst alle Beteiligten zu einem emotional guten Abschluss kommen; der Lehrer muss jetzt wieder positiv auf seine Schüler zugehen können. Warum? Weil sonst das Risiko besteht, dass sich ein kleiner Riss in der Lehrer-Schüler-Beziehung auftut – und der kann langfristig ganz ungünstige Folgen haben.

Für die nächste Zukunft achtet der Lehrer besonders darauf:
* Wie reagieren die beiden Schüler in Zukunft?
* Lassen Sie sich von mir beeinflussen?
* Wie entwickelt sich meine Beziehung zu ihnen?

Falls sich innerhalb der nächsten zwei bis drei Wochen keine Besserung einstellt, denkt er über weitere Schritte nach, wie z. B.:
* beide Schüler auseinander setzen;
* beide sehr eng führen;
* eventuell ein spezielles Belohungssystem wie Zeit für besondere Aktivitäten einführen;
* Kontakt mit den anderen Kollegen aufnehmen, welche die gleiche Klasse unterrichten;
* Kontakt mit den Eltern aufnehmen.

→ **Disziplin beginnt im Kleinen**
Im Schulalltag gibt es viele kleine und einige große Störungen. Worauf soll der Lehrer besonders achten? Die Antwort ist klar: auf die kleinen, geringfügigen Störungen. Warum?
* Kleine Störungen treten viel häufiger auf als große – deshalb

ist der Nutzen größer, wenn sich der Lehrer zunächst auf diese konzentriert.

- Er signalisiert damit seinen Schülern, dass es ihm ernst ist.
- Große, gravierende Störungen entwickeln sich oft aus kleinen.

> Der erfolgreiche Lehrer reagiert bereits auf kleine Verstöße klar und eindeutig.

→ **Management by walking around**

Ein Hauptgrund dafür, dass Schüler unruhig sind, besteht darin, dass sich ihr Lehrer zu weit entfernt von ihnen aufhält. *Management by walking around* heißt, dass der Lehrer in der Klasse viel in Bewegung ist, um immer wieder Nähe zu allen herzustellen.

Vor allem ermöglicht ihm diese Methode, unauffällig einzugreifen. Wie zufällig nähert er sich dem störenden Schüler; die anderen Schüler bemerken eventuell gar nicht seine Absicht. Er flüstert dem Schüler so leise eine Nachricht zu, dass die anderen Schüler möglichst nichts davon bemerken. Auf der Beziehungsebene signalisiert er damit: »Ich bin nicht daran interessiert, dein Fehlverhalten an die große Glocke zu hängen. Aber ich toleriere es auch nicht.« Er bewegt sich mit seinem Schüler im Bereich privater Kommunikation.

> Solange Disziplinmanagement im Verborgenen stattfindet, hat der Lehrer größere Chancen, dass kleine Probleme klein bleiben.

Was flüstert der Lehrer seinem Schüler zu? Z.B.: »Wenn ich das noch einmal sehe, werde ich mir überlegen müssen, welche Konsequenz es beim nächsten Mal gibt.« Wenn er das in ruhigem, fast freundschaftlichem, aber dennoch bestimmtem Ton sagt, hat er große Chancen, dass sein Schüler zur Arbeit zurückkehrt.

Sich so zu verhalten ist eine sehr diskrete Art, den Schüler zurechtzuweisen – ganz anders, als wenn der Lehrer von der Tafel aus durch die ganze Klasse ruft oder den Namen des Schülers an die Tafel schreibt. Damit macht er die Störung publik; jetzt merkt jeder: »Harry verhält sich wieder unmöglich.« Damit steigt das Risiko, dass Harry seine kontraproduktive Rolle als Clown, Störenfried usw. aus Ärger oder Opposition verstärkt. Damit aber macht sich der Lehrer mehr Arbeit.

Stellen Sie sich vor, Sie wären ein 14-jähriger, schnell aufbrausender Schüler bei einem solchen Lehrer. Wie würden Sie sich fühlen? Vermutlich würden Sie den diskreten Weg des Disziplinmanagements gegenüber dem des öffentlichen vorziehen.

> Der kompetente Lehrer reagiert auf Störungen so unauffällig wie möglich – am besten so, dass der Rest der Klasse nichts davon bemerkt.

Zwei Gründe sprechen für ein unauffälliges Eingreifen:
- Der Schüler fühlt sich nicht bloßgestellt und verliert nicht sein Gesicht.
- Der Lehrer entzieht damit dem Schüler die »Bühne« für sein störendes Verhalten. Schüler, die den Machtkampf mit ihrem Lehrer suchen, erhalten enormen Auftrieb, wenn sie ihn vor der ganzen Klasse herausfordern.

→ Die Karteikarte

Natürlich kann es sein, dass Harry weiter stört. Der Lehrer nimmt mit Harry Blickkontakt auf. Dann geht er wie zufällig an sein Pult, wo er ein Karteikartensystem mit Karten für jeden Schüler hat. Er sucht sich Harrys Karteikarte heraus; er nimmt wieder Blickkontakt mit ihm auf. Er nimmt Harrys Karte und legt sie an einen Extra-Platz auf seinem Pult. Dann blickt er wieder zu Harry und nimmt den Unterricht wieder auf.

Offensichtlich hat der Lehrer mit Harry kommuniziert. Das hat auch Harry bemerkt – und er hat bemerkt, dass sein Lehrer jetzt ein Auge auf ihn hat und bereits seine Karteikarte herausgesucht hat.

In den folgenden Minuten nutzt der Lehrer das *Management by walking around,* hält sich immer wieder in Harrys Nähe auf und nimmt häufig Blickkontakt zu ihm auf. Und sobald er sieht, dass Harry einen Schritt in die richtige Richtung macht, lobt ihn sein Lehrer dafür – diskret, aber freundschaftlich.

Eine Variante dazu ist: Der Lehrer nimmt die Karteikarte und ein Stück Klebeband und geht langsam an Harrys Platz. Er klebt die Karteikarte auf Harrys Tisch, lehnt sich zu ihm herunter und flüstert so leise wie möglich: »Das ist deine Karteikarte. Wenn ich dich noch einmal beim Stören beobachte, rufe ich deine Eltern an. Wenn du dich jedoch bis zum Ende der Unterrichtsstunde an die Klassenregeln hältst und das machst, was ich dir auftrage, dann darfst du mir nach der Stunde die Karteikarte zurückbringen und ich rufe deine Eltern nicht an. Und jetzt möchte ich, dass du deine Arbeit wieder aufnimmst.«

> **Je diskreter der Lehrer Disziplinprobleme behandelt, desto eher kooperieren seine Schüler.**

Die Karteikarte auf dem Pult des Schülers ist eine starke visuelle Warnung; sie signalisiert Harry unmissverständlich: »Jetzt ist das Maß endgültig voll.«

Und wenn Harry jetzt kooperiert, dann schaut ihn sein Lehrer an und nickt ihm leicht zu. Oder er begibt sich unauffällig zu ihm und sagt: »Danke, Harry, mach bitte so weiter.«

Natürlich kann niemand mit Hilfe von Classroom-Management kooperatives Verhalten erzwingen. Der Lehrer ist nur der eine Teil der »Gleichung«, der Schüler der andere. Aber der Lehrer erweist sich, seinem Schüler und seiner Klasse einen großen Dienst, wenn er Disziplinprobleme so diskret wie möglich behandelt.

→ **Wie trickreiche Schüler ihrem Lehrer Sand in die Augen streuen**

Die folgende Situation kann sich in jeder Klasse abspielen:

Patrick: »Ich habe ja gar nichts gemacht.«

Frau Kunz: »Du bist doch in der Klasse herumgelaufen.«

Patrick: »Weil Martin ›Du dumme Sau‹ zu mir gesagt hat.«

Frau Kunz zu Patrick: »Du findest immer eine Ausrede«, und an Martin gewandt: »Stimmt das, Martin?«

Kommentar: Was erwartet Frau Kunz nur? Glaubt sie, Martin liefere sich selbst ans Messer? Natürlich sagt er: »Nein, das stimmt nicht.«

Frau Kunz: »Also, hab' ich's doch gesagt.«

Patrick: »Martin lügt.«

Martin: »Du bist ein Lügner.«

Frau Kunz: »Seid ruhig.«

Lehrer wollen gegenüber ihren Schülern gerecht sein. Das ist auch gut so. Es kann aber dann zum Problem werden, wenn sich Schüler gegenseitig beschuldigen und der Lehrer den »wahren« Schuldigen ermitteln möchte, aber selbst gar nichts darüber weiß, wie der Streit begonnen hat. Dabei begibt er sich direkt aufs Glatteis; denn je länger er mit den Schülern redet, umso undurchsichtiger und komplexer werden die Dinge.

Omer und von Schlippe (2002) sind der Auffassung, dass es oft unmöglich sei, mit absoluter Sicherheit den wahren Grund für einen Streit ausfindig zu machen. Die Suche nach dem vermeintlich Schuldigen kostet aber viel Zeit und Energie – und lenkt schließlich vom wichtigsten ab: nämlich davon, zu handeln. Oft versandet die Energie des Lehrers auch deshalb, weil er keinen eindeutigen Schuldigen findet – und sich dann nicht traut, einen vermeintlich Unschuldigen mit einer Konsequenz zu belegen. Damit ermutigt er aber unbeabsichtigt den Protagonisten dazu, sich auch in Zukunft unangemessen zu verhalten.

Besonders ungünstig im obigen Beispiel ist, dass Frau Kunz mit ihren Fragen eine relativ harmlose Störung immer mehr aufbauscht. Dadurch nimmt die Unruhe in der Klasse zu; die Schüler machen alles andere als lernen.

> Gutes Classroom-Management bedeutet: »Störungen klein halten« (Kounin 1976).

Es macht den Lehrer handlungsfähiger, wenn er erst gar nicht versucht, den Auslöser für derartige Konflikte zu suchen, und wenn er signalisiert: *Die Suche nach dem Urheber interessiert mich gar nicht!* Bei unangemessenem Verhalten greift er ein und trifft Maßnahmen in Bezug auf beide Parteien.

Frau Kunz hat mit folgendem Vorgehen bessere Karten:

Patrick: »Ich habe ja gar nichts gemacht.«

Frau Kunz steht ruhig da, schweigt und blickt ihn an.

Patrick: »Weil Martin einen Gummi nach mir geworfen hat.«

Frau Kunz steht ruhig da, schweigt und blickt ihn an.

Patrick: »Martin hat angefangen.«

Frau Kunz steht ruhig da, schweigt und blickt ihn an.

Patrick: »Ich habe …«

Frau Kunz steht ruhig da, schweigt und blickt ihn an.

Langsam spürt Patrick, dass seine Masche nicht zieht. Er wird immer kleinlauter. Ohne etwas zu sagen, hat Frau Kunz die Situation beruhigt.

Aber was ist, wenn Patrick wirklich recht hatte und Martin ihn tatsächlich mit »Du dumme Sau« tituliert hat? Dann ändert sich gar nichts; denn das ist überhaupt kein Freibrief für unangemessenes Verhalten seinerseits.

> Wenn sich zwei Schülern unangemessen verhalten, besteht die erste Aufgabe des Lehrers darin, dies einzudämmen – unabhängig davon, warum sich die Schüler so verhalten.

Um einem Missverständnis vorzubeugen: Ganz anders verhält es sich, wenn ein Schüler im Klassenzimmer eine Störung auslöst. Dann ist es wichtig, dass der aufmerksame Lehrer
- dies so früh wie möglich erkennt
- und exakt den Schüler identifiziert, der für die Störung verantwortlich ist, und nicht wegen fehlender Übersicht einen anderen Schüler für etwas beschuldigt, das dieser gar nicht getan hat.

Irrtümlich wegen eines Fehlverhaltens ermahnt zu werden ist nicht nur für den zu Unrecht beschuldigten Schüler frustrierend, sondern es signalisiert seinen Mitschülern auch sofort: Der Lehrer blickt nicht ganz durch; damit sind weitere Störungen vorprogrammiert.

> Je früher der Lehrer aufkommende Störungen bereits im Ansatz erkennt und exakt identifiziert, von wem sie ausgehen, umso besser kann er darauf reagieren (Kounin 1976).

→ **Negative Konsequenzen – Leitlinien**

> Negative Konsequenzen sind der letzte Schritt im Class-
> room-Management – nicht der erste.

Ein effizientes Classroom-Management-System erfordert negative Konsequenzen für ein unangemessenes Verhalten. Dennoch: Ihre Wirkung ist grundsätzlich *schwach*. Die Wahr-
scheinlichkeit, dass ein »schwieriger« Schüler dadurch lernt,
sich angemessen zu verhalten, ist gering.

Folgende Leitlinien empfehlen sich beim Einsatz negativer
Konsequenzen:

- *Leitlinie 1:* Der Lehrer muss auf das Verhalten des Schülers
  reagieren ohne auf ihn als Person zu reagieren. Er schützt dadurch die Würde des Schülers und seine Beziehung zu ihm.

- *Leitlinie 2:* Ein Plan, der die Schwierigkeiten des Schülers im
  Visier hat, beeinflusst auch den Blick des Lehrers auf den
  Schüler. Der Lehrer läuft Gefahr, mehr die Schwierigkeiten
  des Schülers zu sehen als dessen positive Seiten, oder gar
  Schritte zu übersehen, die der Schüler – wofür er sich angestrengt hat – in die richtige Richtung unternommen hat; das
  färbt die Qualität der Lehrer-Schüler Beziehung negativ und
  damit verliert jedes Classroom-Management-System seine
  Basis. Bevor der Lehrer einen Plan mit negativen Konsequenzen erstellt, sollte er deshalb:
  - einen detaillierten Plan zur Verstärkung angemessenen
    Verhaltens aufstellen;
  - die positiven Seiten des Schülers notieren;
  - vor allem darauf achten, ob der Schüler Fortschritte
    macht; auch kleine Schritte sind wichtig;
  - eine positive oder zumindest neutrale Beziehung zum
    Schüler herstellen.

- *Leitlinie 3:* Der Lehrer definiert die Grenzlinie zwischen akzeptablem und inakzeptablem Verhalten so genau wie möglich.
- *Leitlinie 4:* »Schwierige« Schüler zeigen manchmal unendlich viele unangemessene Verhaltensweisen. Das verleitet den Lehrer dazu, permanent einzugreifen. Schnell überwiegt dann eine negative Kommunikation. Um dies zu vermeiden, sollte der Lehrer festlegen,
  - welche Schwierigkeiten seines Schülers er im ersten Schritt bearbeitet und
  - welche er zunächst unbeachtet lässt.

  Im ersten Schritt könnte sich der Lehrer z. B. darauf konzentrieren,
  - aggressive Ausbrüche abzudämpfen versuchen;
  - Pünktlichkeit einzufordern.

  Zunächst unbeachtet lassen könnte er:
  - Kommentare wie »Schule ist dämlich«, »Mathematik ist blöd«;
  - einen auffälligen Kleidungsstil;
  - rüpelhafte, aber nicht massiv aggressiv gefärbte Kommentare zu Klassenkameraden wie »Halt den Mund, Alter«;
  - nicht aggressiv gemeintes Anrempeln von Mitschülern;
  - ihn provozierende, aber harmlose Gesten wie schräg auf dem Stuhl sitzen.
- *Leitlinie 5:* Regel- und Konsequenzensysteme sollten so angelegt sein, dass sie dem Schüler die Chance bieten, mit angemessenem Verhalten drohende negative Konsequenzen abzuwehren. Mehr dazu erfahren Sie unten Kapitel 5.2.

5.2 Spezielle Methoden für schwierige Situationen

Classroom-Management ist präventiv ausgerichtet. Gut einge-
spielte Verfahrensweisen, Regeln und Routinen verhindern,
dass sich kleine Störungen und Konflikte zu massiven Problemen ausweiten. Dennoch lassen sich besondere Vorfälle nicht
vermeiden. Die folgenden Methoden sind darauf zugeschnitten.

→ **Stufen der Verantwortung**
Robert hatte Julians Schultasche in hohem Bogen aus dem Fenster geschleudert. Sie landete mitten in einer Pfütze. Dabei fielen
einige von Julians Heften und Büchern heraus, alles lag im Wasser. Schnell hatte Herr Streibert von dem Vorfall erfahren. Er bat
Robert nach der Stunde zu sich.

Erwachsene bzw. Lehrer müssen in solchen Fällen aufpassen, wie sie reagieren; im schlimmsten Fall treibt die Reaktion
der Erwachsenen auf das von Kindern und Jugendlichen be-
gangene Unrecht diese gerade dahin, neues Unrecht zu tun.

> Die Methode der Wiedergutmachung zielt darauf ab, das
> Verantwortungsbewusstsein eines Schülers zu fördern.

Das im Folgenden nur kurz skizzierte Verfahren »Stufen der
Verantwortung« stammt von dem finnischen Familienthera-
peuten Ben Furman (vgl.: www.kidsskills.org/German/verant-
wortung/). Sein Konzept hat folgende Vorteile:

- Es fördert die Einsicht dessen, der ein Unrecht begangen
  hat.
- Es fördert, dass er Verantwortung für sein Handeln übernimmt.
- Es beendet eine unangemessene Tat, ohne dass bei den Beteiligten Groll oder Beschämung zurückbleibt.

Stufe 1: Zugeben

Kinder und Jugendliche neigen dazu, abzustreiten, was sie getan haben, solange sie nicht erkennen, dass das Zugeben Vorteile für sie hat. Sie befürchten, dass die Aufdeckung nachteilige Konsequenzen für sie haben könnte. Das Zugeben kann dadurch gefördert werden, dass der Schüler nicht dazu gedrängt wird, etwas zuzugeben, sondern dass mit ihm darüber gesprochen wird, welche Vorstellungen er in Bezug auf die Konsequenzen seines Eingeständnisses hat. – Zwischen Robert und Herrn Streibert kommt es zu folgendem Dialog:

Robert: »Ich habe ja gar nichts gemacht. Julian ist gestolpert und dabei ist ihm die Tasche in die Pfütze gefallen.«

Herr Streibert: »Wäre es schlimm für dich, wenn herauskäme, dass du die Tasche in die Pfütze geworfen hast?«

Robert: »Ich wollte sie gar nicht in die Pfütze werfen.«

Herr Streibert: »Du wolltest sie nicht in die Pfütze werfen. Was meinst du denn, was passieren würde, wenn du es zugibst?«

Robert: »Ich werde bestraft. Vielleicht rufen Sie meine Eltern an.«

Herr Streibert: »Was glaubst du, wie deine Eltern reagieren würden?«

Robert: »Ich bekäme wieder Hausarrest.«

An diesem Punkt kann Herr Streibert besser verstehen, warum Robert seine Tat abstreitet. Und er kann sich mit Robert über dessen Ängste und Befürchtungen unterhalten. Einige davon können sich als unbegründet erweisen, wieder andere vielleicht als ziemlich realistisch.

Herr Streibert: »Ich kann gut verstehen, dass es dir schwerfällt zuzugeben, was du getan hast, wenn du befürchtest, du bekämst dafür Hausarrest. Und vielleicht befürchtest du auch, dass deine Eltern wütend auf dich würden.«

Robert: »Ja.«

Herr Streibert: »Wie war das denn, als du das letzte Mal Hausarrest hattest?«

Robert: »Hausarrest ist schrecklich.«

Herr Streibert: »Du willst keinen Hausarrest? Dann glaube ich, dass es für dich besser wäre, wenn du es zugibst.«

Robert: »Wieso?«

Herr Streibert: »Lass uns doch mal gemeinsam darüber nachdenken, welche Vorteile es für dich hat, wenn du es zugibst.«

Robert: »Ich hab keine Idee.«

Herr Streibert: »Ich fände es schon sehr mutig von dir, wenn du sagen würdest: ›Ja, ich hab seine Schultasche in eine Pfütze geworfen‹. Findest du nicht auch? Das ist doch viel mutiger, als zu sagen: ›Ich war es nicht‹, oder?«

Robert: »Ja – schon.«

Wenn sich Lehrer und Schüler darüber unterhalten, welche Vorteile es hat, eine Tat zuzugeben und die Verantwortung dafür zu übernehmen, ist es möglich, dass auch der Schüler beginnt, das Zugeben als eine im Vergleich zum Abstreiten bessere Alternative zu sehen. Zugeben ist der erste Schritt zur Verantwortungsübernahme.

Das Zugeben ist ein Prozess mit mehreren Phasen. Ein anfängliches vorsichtiges und herantastendes Zugeben wird Schritt für Schritt offener und ehrlicher.

Zu Beginn wird ein Schüler vielleicht gar keine Bereitschaft zeigen, seine Tat zuzugeben. Er mag aber damit einverstanden sein, über das Geschehene zu sprechen, und bereit sein, sich über die Folgen des Zugebens Gedanken zu machen. In der darauf folgenden Phase mag er schon in einem Zweiergespräch das Geschehene zugeben, ohne über die Einzelheiten reden zu wollen. Zum Schluss mag er damit einverstanden sein, sich über die Details des Geschehenen zu unterhalten. Vom wirklichen Zugeben kann jedoch erst die Rede sein, wenn der Betreffende bereit ist, über das, was er getan hat, offen auch in einem größeren Kreis zu sprechen.

Stufe 2: Verstehen

Kinder und Jugendliche neigen dazu, ihr Verhalten zu verharmlosen, wenn ihnen nicht geholfen wird, die Folgen ihres Tuns einzusehen. Typische Aussagen sind: »Das war doch nicht schlimm«, »Ich hab' ihn nur ein wenig geschubst« usw. Deshalb denkt der Lehrer in dieser Phase mit dem Schüler darüber nach, welche Folgen sein Verhalten für ihn selbst und für andere Menschen haben kann.

Eine Möglichkeit, die Einsicht des Schülers in sein Tun zu fördern, ist, ihn selbst darüber nachdenken zu lassen, welche Auswirkungen sein Verhalten für andere Menschen und für ihn selbst haben kann. Dazu kann er z.B. alle Gefahren und Nachteile, die sich aus seiner Tat ergeben, aufschreiben, denn nur so kann er ein Gesamtbild über die Auswirkungen seines Verhaltens bekommen. Diese Notizen sind in der nächsten Phase wichtig, wenn der Schüler sich für sein Verhalten entschuldigt.

In diesem Zusammenhang sind folgende Fragen sinnvoll:
- »Wie wirkt das, was du getan hast, auf Julian?«
- »Wie wirkt das, was du getan hast, auf die Beziehung zwischen dir und Julian?«
- »Wie wirkt das, was du getan hast, auf die Beziehung zwischen dir und deinen Eltern?«
- »Wie wirkt das, was du getan hast, auf die Beziehung zwischen dir und deinen Klassenkameraden?«
- »Wie wirkt das, was du getan hast, auf das Klassenklima?«
- »Wie wirkt das, was du getan hast, auf dein Ansehen bei den anderen?«

Stufe 3: Entschuldigung

Schüler sind oft überraschend schnell gewillt, sich zu entschuldigen, da dies für sie häufig einen bequemen Ausweg aus einer unangenehmen Situation bedeutet. Dies mag daran liegen, dass es ihnen in anderen Fällen allzu leicht gemacht worden ist, sich zu entschuldigen.

Es gibt unterschiedliche Ebenen der Entschuldigung. Ein eilig im Kontakt zu zweit ausgesprochenes »O.k., tut mir leid« ist zwar eine Entschuldigung, ist aber lange nicht so überzeugend wie eine öffentlich vor mehreren Menschen mutig vorgetragene Entschuldigung: »Das, was ich getan habe, war nicht in Ordnung, und jetzt, wo alle da sind, will ich mich bei dir entschuldigen.« Sich zu entschuldigen ist eine der wichtigsten sozialen Kompetenzen. Regelverstöße bieten eine ausgezeichnete Chance, dies zu trainieren.

Eine schriftliche Entschuldigung ist oft eine gute Lösung. Während ein Schüler einen Entschuldigungsbrief schreibt, muss er zwangsläufig überlegen, wie er seine Entschuldigung ausdrücken will. In einem gut formulierten Entschuldigungsbrief soll derjenige, der um Verzeihung bittet, folgende Punkte berücksichtigen:

- Ohne zu beschönigen erzählen, was passiert ist.
- Verstehen, welchen Schaden, welche psychischen Verletzungen oder welchen Ärger er durch sein Verhalten verursacht hat.
- Sich dafür entschuldigen.

Beispiel: Auf dem Schulhof hatte ein Junge auf einem Klettergerüst einen jüngeren Schüler geschubst, so dass der beim Herunterfallen eine Platzwunde an der Lippe davongetragen hatte. Als das Ereignis in der Klasse mit Unterstützung des Lehrers besprochen wurde, gab der ältere der Jungen zu, den anderen heruntergeschubst zu haben. Er verstand auch, dass er dadurch dem anderen Unrecht getan und ihn in Gefahr gebracht hatte. Dafür wollte er sich »am liebsten sofort« entschuldigen. Sein Lehrer bat ihn jedoch darum, zuerst zu überlegen, auf welche Weise er sich am besten entschuldigen könne, und forderte die ganze Klasse auf, sich darüber Gedanken zu machen. Sie kamen zu dem Ergebnis, dass der größere Junge dem kleineren einen fairen Entschuldigungsbrief schreiben sollte, den der kleinere, wenn er wollte, auch zu Hause vorzeigen könnte.

Stufe 4: Wiedergutmachung

Formale Strafmaßnahmen helfen nicht unbedingt, Verantwortungsbewusstsein zu fördern. Eine der Situation angemessene Wiedergutmachung ist oft die bessere Alternative. Folgende Schritte sind sinnvoll:

- Zunächst soll derjenige, dem Unrecht angetan wurde, darüber nachdenken, was seiner Meinung nach eine passende Wiedergutmachung wäre.
- Dann sollte der Lehrer den Beteiligten dabei helfen, über eine angemessene Wiedergutmachung zu verhandeln.

Auch eine aufrichtige Entschuldigung bietet keine Gewähr dafür, dass Ähnliches sich nicht wiederholt. Eine Entschuldigung genügt auch nicht unbedingt, um dem Opfer und anderen Geschädigten das Gefühl zu vermitteln, dass das Recht gesiegt hat. Deshalb sollte eine Entschuldigung immer durch eine Wiedergutmachung verstärkt werden.

Beim Nachdenken über eine angemessene Wiedergutmachung muss vor allem die Meinung der geschädigten Partei berücksichtigt werden. Um eine geeignete Vereinbarung zu finden, kann bei Bedarf auch in einem größeren Kreis beratschlagt werden. Wenn dem Geschädigten z. B. keine passende Wiedergutmachung einfällt oder der »Täter« den Vorschlag des Geschädigten nicht akzeptiert, können die Klassenkameraden sich daran beteiligen, gerechte Konsequenzen vorzuschlagen.

Generell ist es erstrebenswert, eine Regelung zu finden, wonach derjenige, der Unrecht getan hat, den von ihm verursachten Schaden gegenüber dem oder den Leidtragenden ersetzt oder ausgleicht. Im günstigsten Fall hilft die Wiedergutmachung dem Geschädigten, das Geschehene zu verzeihen und eine Annäherung zwischen den Parteien zu erleichtern.

Eine gelungene Wiedergutmachung begünstigt nicht nur die Annäherung zwischen dem Schüler und dem Geschädigten, sondern verbessert auch das Ansehen dessen, der Unrecht getan hat. Wenn man erfährt, dass er Verantwortung für seine Taten übernommen hat, indem er eine gemeinsam vereinbarte Wiedergutmachung tatsächlich geleistet hat, werden seine Zuverlässigkeit und seine Vertrauenswürdigkeit in den Augen der anderen zunehmen.

Stufe 5: Versprechen

Kinder und Jugendliche versprechen oft bereitwillig, dass sie nicht noch einmal Entsprechendes tun. Selbst wenn sie dieses Versprechen ernst meinen, kann es doch wieder zu weiteren Vorfällen kommen, weil es einen erheblichen Unterschied ausmacht, ob man ein Versprechen gibt und ob man sich dann auch daran hält.

Manche Schüler sind einfach damit überfordert, sich angemessen zu verhalten. In diesem Fall brauchen sie ein Coaching (vgl. hierzu z. B. Furmann 2005). Eine Variante dazu ist, mit dem Schüler vorab detailliert zu besprechen, was geschehen wird, wenn er etwas noch einmal tut. Es lohnt sich, das Ergebnis der Besprechung in einem schriftlichen Vertrag festzuhalten, der vom Schüler, dem Lehrer und den Eltern unterschrieben wird. Es ist wichtig, dass der Vertrag öffentlich ist, d.h. alle diejenigen, die betroffen sind, sollten von dem Vertrag wissen. Zusätzlich sollte der Vertrag klar festschreiben, wie vorgegangen wird, wenn der Schüler trotz seines Versprechens das von ihm getane Unrecht wiederholt.

Beispiel: Ein Schüler war dabei ertappt worden, dass er in einem Laden Süßigkeiten gestohlen hatte. Er hatte bereits dadurch Verantwortung für seine Tat übernommen, dass er seinen Ladendiebstahl mit dem Geschäftsinhaber besprochen und den Wert der Süßigkeiten ersetzt hatte. Der Schüler versicherte, dass keiner befürchten müsse, dass er erneut stehlen würde. Als Garantie für sein Versprechen wurde gemeinsam vereinbart, dass im Falle eines erneuten Diebstahls in den Räumen der Schule eine Gesprächsrunde zur Klärung des Vorfalls organisiert würde. Eingeladen werden sollten der Geschäftsinhaber, beide Eltern des Schülers, sein großer Bruder, der Ortspolizist und zwei von ihm selbst benannte Freunde. Der Entwurf des Einladungsbriefs wurde fertiggestellt und über die Abmachung wurde ein schriftlicher Vertrag geschlossen, den der Schüler unterschrieb.

→ Deeskalation – Judo-Techniken im Umgang
mit aggressiven Schülern

Ältere Schüler mit aggressivem Verhalten oder starken Verhaltensproblemen stellen sogar an die erfahrensten Lehrer höchste Anforderungen (Shukla-Meta & Albin 2003). Bevor man aber einschneidende Maßnahmen – wie z.B. einen Schulausschluss – trifft, sollten Lehrer und Schule über den Einsatz von Deeskalationstechniken nachdenken.

> Wenn ein aggressiver Schüler die Kontrolle über sich verliert, besteht das vorrangige Ziel aller Maßnahmen darin, ihm dabei zu helfen, dass er sich *beruhigt*.

Langfristig gesehen kommen andere Interventionen wie Wiedergutmachung, Coaching, Konsequenzen usw. zur Anwendung.

Fähigkeiten, die der Lehrer für den Umgang mit aggressiven Schülern mitbringen sollte

Der Umgang mit aggressiven Schülern basiert auf folgenden Kompetenzen des Lehrers:

- Feedbackgeleitet intervenieren: Der Lehrer muss die Auswirkungen seiner Intervention auf den Schüler exakt beobachten und sein weiteres Verhalten danach ausrichten. Wenn der Schüler noch angespannter und nervöser reagiert, ist das ein Alarmzeichen. Der Lehrer sollte es unbedingt aufgreifen – etwa, indem er sagt: »Julian, ich befürchte, jetzt hab ich etwas Falsches gesagt, stimmt das?« Wenn angezeigt, sollte sich der Lehrer sofort entschuldigen: »Julian, tut mir leid, ich wollte dich nicht verletzen.«

- Eigene Emotionen frühzeitig erkennen: Das aggressive Verhalten eines Schülers kann beim Lehrer zwei unterschiedliche Emotionen auslösen: zum einen Erregung, Ärger und Wut, zum anderen Angst und Hilflosigkeit. Beides teilt sich dem aggressiven Schüler mit. Beides verhindert, dass der Lehrer seinem Schüler eine Hilfestellung geben kann.
  - Im ersten Fall steigert die innere Erregung des Lehrers diejenige des Schülers und setzt eine eskalierende Aggressionsspirale in Gang.
  - Im zweiten Fall verstärkt die Hilflosigkeit des Lehrers das

Machtstreben des Schülers. Er versucht die Kontrolle über seinen Lehrer und die Klasse zu übernehmen.

Je besser der Lehrer in der Lage ist, eigene Emotionen bei sich wahrzunehmen – die Fachleute diskutieren dies als zentralen Teil des Konzepts der emotionalen Intelligenz (vgl. dazu Salovey & Mayer 2002; Salovey, Caruso & Mayer 2004) –, umso eher kann er gegensteuern: und sich z. B. eine Auszeit nehmen.

> Mit aggressiven Schülern kann der Lehrer nur umgehen, wenn er seine eigenen Emotionen erkennen und beeinflussen kann.

Vorboten auffälligen Verhaltens erkennen

Aggressive Ausbrüche oder auffälliges Verhalten können auch völlig überraschend, wie aus heiterem Himmel, auftreten; meist fällt dem genauen Beobachter aber bereits zuvor auf, dass ein Schüler nervös und angespannt ist. Vielleicht kaut er an seinen Nägeln, beißt sich auf die Lippe, grimassiert und zeigt auf andere Art und Weise an, dass er unzufrieden ist. Es kann sein, dass er flucht oder droht. Diese scheinbar irrelevanten Anzeichen können leicht übersehen werden. Oft weisen sie aber auf eine bevorstehende Krise hin. Da in dieser Phase das Verhalten des Schülers leichter zu beeinflussen ist, als dann, wenn der Schüler nicht mehr an sich halten kann, ist es wichtig, dass der Lehrer seinen Blick für diese Vorboten schärft.

Für den angespannten Zustand des Schülers gibt es eine Reihe von möglichen Auslösern, wie z. B. Ärger zu Hause, Schwierigkeiten bei den Hausaufgaben oder mit dem Stoff, Beleidigung durch einen Mitschüler u. v. a. Der Schüler gerät daraufhin innerlich unter immer stärkeren Druck. Seine Möglichkeiten zur Selbstkontrolle sinken gleichzeitig rapide ab, seine Fähigkeit, mit seinem Lehrer zu kooperieren, nimmt ab. Er ist kaum mehr in der Lage, auf unterschiedliche Anforderungen angemessen und flexibel zu reagieren.

> Bei einem aggressiven Schüler muss der Lehrer versuchen,
> - Anzeichen innerer Anspannung seines Schülers frühzeitig zu erkennen und
> - ihm zu mehr Selbstkontrolle zu verhelfen.

Deeskalierende Interventionen

In Situationen, in denen ein Schüler akut erregt ist oder kurz davor steht, hat alles, was der Lehrer unternimmt, *kurzfristig gesehen* nur ein Ziel, nämlich, dass es dem Schüler dabei hilft, sich zu beruhigen. Dazu hat der Lehrer eine Reihe von Möglichkeiten:

- *Direkt Hilfe anbieten:* »Kann ich etwas für dich tun? Wie kann ich dir helfen?«
- *Dem Schüler ermöglichen, dass er sich beruhigt,* indem er ihm anbietet, ein Glas Wasser zu trinken oder sich in einer ruhigen Ecke des Klassenzimmers zu entspannen.
- *Dem Schüler eine einfache Beschäftigung zuweisen,* die er bewältigen kann und die er gerne ausführt. Wenn sich hingegen der angespannte Schüler hohen Leistungsanforderungen gegenübersieht, so können ihn die dadurch ausgelösten Versagensgefühle nur noch mehr in die Enge treiben, was seine innere Erregung noch mehr steigert. Deshalb sind hohe Leistungsanforderungen in diesen Situationen kontraindiziert.
- *Ignorieren:* Der Lehrer muss in der Lage und bereit sein, auch mal wegzuschauen, z.B. wenn ein Schüler während einer verbalen Auseinadersetzung mit unangemessenen Bemerkungen oder Gesten reagiert, um Spannung abzubauen, sein

Gesicht zu wahren oder wieder die Kontrolle zu gewinnen. Wenn der Lehrer hingegen in einer sowieso schon extrem angespannten Situation ein zu 100 Prozent angemessenes Verhalten des Schülers einfordert, deutet der Schüler dies schnell als überstarkes Kontroll- und Machtbedürfnis. Er fühlt sich dadurch bedroht, was seine Aggression steigert.

- *Abwarten:* Es gibt viele Gründe, warum ein »schwieriger« Schüler seinen Lehrer provozieren möchte. Der Lehrer darf diese »Einladungen« nicht annehmen, unabhängig davon, warum der Schüler sich so verhält. So kann ein Schüler z.B. provozierend sagen: »Sie können mich zu gar nichts zwingen«, oder: »Ich habe jetzt drei Aufgaben gerechnet, und damit basta. Machen Sie, was Sie wollen.« Statt mit einem Satz wie »Das werden wir ja sehen« auf den Machtkampf einzusteigen, kann der Lehrer antworten: »Stimmt, du hast recht, ich kann dich zu nichts zwingen«, und dann erst einmal abwarten, wie der Schüler reagiert.

- *Verzögert reagieren:* Der Lehrer muss nicht, wie häufig zu hören, immer sofort bei jedem Regelverstoß reagieren. In aufgeheizten Situationen ist das sogar kontraproduktiv. Stattdessen ist es oft besser, erst einmal abzuwarten. Später hat der Lehrer immer noch mehr als genug Zeit, auf das Geschehene zurückzukommen (vgl. Omer & v. Schlippe 2002).

- *Keine »Predigten«:* In angespannten Situationen sind oft nicht noch mehr Gespräche erforderlich, wie viele meinen, sondern meist weniger. Selbst gut gemeinte Hinweise des Lehrers interpretiert ein aufgebrachter Schüler dann nämlich schnell als Vorwürfe, die seine innere Aufgewühltheit steigern. Er muss dann noch mehr Energie zur Selbstkontrolle aufwenden. Die gutgemeinten Ratschläge haben keine Chance, bei ihm anzukommen. Im Gegenteil, sie wirken auf ihn wie ein rotes Tuch. In einer angespannten Situation geht es überhaupt nicht darum, dem Schüler Einsicht in die Unrechtmäßigkeit seines Tuns zu vermitteln, sondern ihm dabei zu helfen, dass er wieder die Fassung gewinnt.

- *Sich aus dem Weg gehen:* Wenn der Schüler seinen Lehrer als Bedrohung erlebt, was in derartigen Fällen typisch ist, dann reduziert dieser diese Bedrohung, indem er dem Schüler aus dem Weg geht, statt mehr Nähe herzustellen. Der Lehrer kann das »Territorium der Auseinandersetzung« verlassen, indem er sich unauffällig abwendet, einem anderen Schüler etwas erklärt oder einfach einen anderen, vom Schüler entfernter gelegenen Ort aufsucht, indem er z.B. die Tafel putzt und sich dabei entspannt.

- *Dem Schüler einen Ausweg anbieten:* Vor allem nach einer Auseinandersetzung mit ihrem Lehrer können viele »schwierige« Schüler kaum mehr kooperieren, weil sie befürchten, gegenüber ihren Mitschülern das Gesicht zu verlieren. Ein Schüler hat sich etwa schon einige Male geweigert, einer Aufforderung nachzukommen, jetzt soll er plötzlich doch noch nachgeben. Er meint, seine Mitschüler könnten das als Schwäche interpretieren. Die Situation lässt sich oft entspannen, wenn Lehrer und Schüler die »Bühne« verlassen und ihre Auseinandersetzung »privat« klären; z.B. kann der Lehrer sagen: »Komm, Julian, wir gehen auf den Schulhof und sprechen da weiter.« In diesem Fall weist der Lehrer seiner Klasse zunächst eine Aufgabe zu, bestimmt einen Schüler als seinen Stellvertreter und verlässt dann mit dem »schwierigen« Schüler die Klasse. Oft ist die Situation schon entspannter, nachdem beide das Klassenzimmer verlassen haben.

- *Positive Auszeit:* Diese Technik ermöglicht es dem Lehrer, den Schüler ohne Bestrafung aus einer Situation herauszunehmen. Wenn der Schüler z.B. nach einer Konfrontation zu Hause das Klassenzimmer schon sehr erregt betritt, kann ihm der Lehrer erlauben, sich an einen Ort zu begeben, an dem er wieder zur Ruhe kommen kann.

- *Das Gespräch mit dem Schüler suchen:* Wenn der Lehrer nicht selbst zur angespannten Verfassung seines Schülers beigetragen hat, kann er auch das Gespräch mit dem Schüler suchen, z. B. wenn er weiß, dass ein Schüler deshalb wütend ist, weil er sich von einem anderen beleidigt oder in seiner Ehre gekränkt fühlt. In diesem Fall reicht es oft aus, wenn der Lehrer dem Schüler zuhört und ihm Raum gibt, sich zu äußern. Ratschläge oder gar Kritik sind dann hingegen nicht geeignet, um dem Schüler dabei zu helfen, sich »abzukühlen«.

Neben solchen kurzfristigen sind bei vielen Schülern *langfristige* deeskalierende Interventionen erforderlich: Bei fast allen Schülern mit auffälligem Verhalten gibt es in der Regel eine Reihe anderer Probleme, wie z. B. Schwächen im Lern- und Arbeitsverhalten, im Aufgabenverständnis, schlechte Schulleistungen, mangelnde Integration in der Klasse, Konflikte zu Hause, schwaches Selbstwertgefühl, geringe Selbstkontrolle. Welches fachliche Angebot der Schüler dann braucht, ist immer von Fall zu Fall abzuwägen.

Offen aggressives Verhalten

Kommt es bei älteren Schülern erst einmal zu offen aggressivem Verhalten, so ist ein einzelner Lehrer überfordert; nötig sind schulweite Pläne für derartige Extremsituationen, die z. B. vorsehen, welche anderen Lehrer sofort unterstützend eingreifen und wie dies geschieht, wer ein mögliches Opfer betreut, was mit unbeteiligten Schüler geschieht, wer Eltern und andere informiert usw. Solche Pläne geben dem Lehrer Sicherheit im Umgang mit Krisen.

> Wenn damit zu rechnen ist, dass ein Schüler offen aggressives Verhalten zeigen könnte, sind schulweite Pläne erforderlich, um diesem zu begegnen.

Das Ziel der Aufarbeitung eines Vorfalls besteht aber nicht allein darin, den Schüler nur zu bestrafen, sondern darin, ihm zur Einsicht in die Unrechtmäßigkeit seines Verhaltens zu verhelfen und mit ihm darauf aufbauend alternative Handlungsweisen zu entwickeln. Dazu braucht man entsprechend ausgebildete Fachpersonen.

Der Schüler muss vorab, bevor es zu einer aggressiven Auseinandersetzung kommt, über alle möglichen Reaktionsweisen der Lehrer, der Schule und über die Konsequenzen auf aggressives Verhalten ausführlich informiert werden. Wichtig ist es, den Schüler davon zu überzeugen, dass es nicht darum geht, ihn zu besiegen oder zu erniedrigen, sondern dass es vielmehr die Intention aller Maßnahmen ist, ihm Hilfe anzubieten. Damit werden für ihn die Reaktionen seiner Lehrer und eventuell die anderer Personen vorhersehbar und verlieren somit ein Stück weit ihrer Bedrohlichkeit. Das hilft dem Schüler, die kritische Situation besser zu verarbeiten. Andernfalls besteht das Risiko, dass er das Verhalten seines Umfeldes als gegen sich gerichtet interpretiert, was Rachegefühle auslöst, die ihm später die Kooperation mit seinen Lehrern enorm erschweren.

→ **Wie der Schüler negative Konsequenzen abwehren kann**
Die deutsche Verkehrssünderkartei in Flensburg löscht die Einträge der dort registrierten Verkehrsteilnehmer nach Ablauf einer bestimmten Zeitspanne. Die einzige Bedingung dafür ist: Man darf in der Zwischenzeit nicht mehr auffallen. Aber was ist, wenn man jetzt wirklich gerade einmal gedankenverloren –

was es ja geben kann – mit 65 km/h statt mit den vorgeschriebenen 50 km/h die breite Hauptstraße der Stadt entlangfährt und gerade geblitzt wird?

Die meisten Disziplinsysteme in der Schule ähneln diesem Prinzip: Man kann nichts zur Verbesserung seiner Lage tun – nur Hoffen, dass nichts mehr passiert.

Es gibt aber, in begrenztem Maße, eine Möglichkeit, mit der der Autofahrer *aktiv* etwas tun kann, um seine Punkte in Flensburg abzubauen: nämlich, indem er an einem Kurs teilnimmt und eine Prüfung ablegt. Die meisten Disziplinsysteme in der Schule sehen diese Möglichkeit nicht vor.

> Ein gutes Disziplinsystem bietet dem Schüler die Möglichkeit, durch aktiven Einsatz sein bisher aufgelaufenes »Konto« negativer Konsequenzen abzutragen.

Herr Marquart arbeitet mit einem drei-stufigen Warnsystem:
- non-verbale Signale,
- mündliche Ermahnungen,
- die Signalkarte »Bei der nächsten Störung: Anruf bei deinen Eltern« auf dem Tisch des Schülers.

Herr Marquart hat bereits die Signalkarte »Bei der nächsten Störung: Anruf bei deinen Eltern« auf Peters Tisch gelegt. Das wäre dann schon das zweite Mal innerhalb von zwei Wochen, dass Herr Marquart bei ihm zu Hause anruft. Und schon beim letzten Mal hatte Peters Vater nicht gerade erfreut reagiert. »Das war das letzte Mal, dass Herr Marquart hier wegen dir anruft. Ich hoffe, wir haben uns verstanden«, hatte er seinem Sohn unmissverständlich klargemacht.

Peter wartet ängstlich darauf, dass bloß bald die Stunde rum ist. »Mach nur keinen Mist mehr«, sagt er sich. Aber schon sticht ihm Alexander von hinten mit einem Bleistift in den Rücken. Herr Marquart hat davon nichts bemerkt. Keine günstige Situation: Wenn es Peter jetzt nicht gelingt, sich zu beherrschen, dann erfolgt wieder ein Anruf bei seinen Eltern. Vor lauter Anspannung bekommt er vom Unterricht nicht mehr viel mit.

Damit Peter bessere Chancen hat, aktiv etwas gegen seine verfahrene Situation zu tun, hat Herr Marquart zusätzlich folgendes System entwickelt. Peter muss zwei Punkte erfüllen, damit Herr Marquart die Karte entfernt:

- Erstens: Er zeigt, nach Erhalt der Karte, über 15 Minuten kein weiteres Störverhalten mehr. Herr Marquart notiert deshalb im selben Moment, in dem er dort die Karte platziert, auch die Uhrzeit.

- Zweitens: Er arbeitet für 15 Minuten engagiert im Unterricht mit, d.h. er meldet sich häufig oder arbeitet konzentriert während der Stillarbeit.

Die zweite Forderung hat folgende Funktionen:

- Sie konzentriert Peters Aufmerksamkeit auf eine positive Tätigkeit hin, statt dass er nur ängstlich abwartet, dass nichts mehr passiert.

- Sie ermöglicht es Herrn Marquart, Peter zu unterstützen und zu loben, sobald er sieht, dass sich Peter engagiert. Damit kann er wieder einen positiven Kontakt zu seinem Schüler herstellen und ihm zu verstehen geben, dass er sein Engagement sieht und würdigt.

- Wenn es Peter gelingt, mit Ablauf der 15 Minuten die drohenden negativen Konsequenzen erfolgreich abzuwehren, so unterstützt dies seine Überzeugung, selbst auf wesentliche Bereiche seines Lebens positiv Einfluss nehmen zu können; die Fachleute sprechen von *Selbstwirksamkeitsüberzeugung*

Beim nächsten Vorfall: Anruf bei deinen Eltern

Datum: Uhrzeit: .

Was du tun kannst, um die Konsequenz abzuwehren:

- Du störst nicht mehr.

- Wenn du 15 Minuten engagiert mitarbeitest, nehme ich die Warnkarte zurück!

Ich bin überzeugt, dass du das schaffen kannst – wenn du dich anstrengst.

(vgl. dazu Maddux 2002). Sie ist einer der wichtigsten Faktoren für Zufriedenheit, Erfolg und Gesundheit, wie eine ganze Reihe an Studien zeigen konnten.

Das Grün-gelb-rot-System

Dieses System von Frau Corrado, einer Lehrerin, besteht aus einem grünen, einem gelben und einem roten Feld, die sie vorne an der Wand angebracht hat. Zu Beginn jeder Unterrichtsstunde startet jeder Schüler auf dem grünen Feld. Bei genau definierten Verstößen rückt der Schüler auf das gelbe Feld vor. Der Lehrer setzt dazu einfach das Namensschild des Schülers vom grünen auf das gelbe Feld. Er braucht keine Erklärungen abzugeben, weil die Schüler ja wissen, bei welchen Verstößen gegen die Klassenordnung sie auf das gelbe Feld vorrücken. Bei weiterem unangemessenem Verhalten rutscht der Schüler auf das rote Feld vor, was automatisch eine aversive Konsequenz – wie z. B. einen langweiligen Text abschreiben – zur Folge hat.

Der Schüler auf dem gelben Feld hat bei tadellosem Verhalten aber auch die Möglichkeit, wieder zurück aufs grüne Feld zu rutschen. Das gibt ihm einen starken Motivationsschub. Er weiß, wozu er sich anstrengt. Und er erhält eine starke Belohnung, wenn sein Namen wieder von gelb auf grün zurückrutscht – was alle in der Klasse sehen und was der Lehrer durch Lob zusätzlich positiv hervorheben kann. Ein Schüler kann für seinen Erfolg sogar gefeiert werden.

> Es motiviert einen Schüler ganz enorm, wenn er aus eigener Kraft eine drohende Sanktion abwehren kann.

Wenn der Lehrer die Klassenordnung – die u. a. die Konsequenzen bei Verstößen umfasst und Angaben dazu, wie sich der Schüler verhalten muss, um vom gelben auf das grüne Feld zurückzurücken – über den drei Feldern aufhängt, kann jeder Schüler jederzeit nachvollziehen, warum der Lehrer entsprechend handelt.

Vor- und Nachteile

Ein Nachteil dieses Systems ist sein öffentlicher Charakter; denn jeder Schüler sieht, wessen Name sich auf dem gelben bzw. auf dem roten Feld befindet – was diesen Schüler exponiert. Dies sollte der Lehrer aber wenn möglich vermeiden.

Die Vorteile überwiegen demgegenüber aber bei weitem:

- Der Lehrer muss den Unterrichtsfluss nicht unterbrechen, ein zentraler Aspekt im Classroom-Management (Kounin 1976). Es verschiebt einfach nur das entsprechende Namensschild. Dann kann er sich sofort wieder auf das Geschehen in der Klasse konzentrieren.

- Der Schüler auf dem gelben Feld erhält eine starke Motivation, sich angemessen zu verhalten. Als Belohnung winkt ihm das grüne Feld.

- Wenn ein Schüler gegen eine Regel verstößt, weiß der Lehrer, wie er reagieren muss. Er muss nicht bei jedem Regelverstoß eines Schülers neu über mögliche Konsequenzen nachdenken. Das entlastet ihn kognitiv, emotional und zeitlich.

- Das System schützt den Lehrer davor, willkürlich zu reagieren und damit seine Klasse gegen sich aufzubringen. Er muss sich nicht aufregen, drohen, predigen, erklären usw. Der Lehrer muss nur das tun, was das System vorsieht; das gibt ihm Sicherheit.

- Wenn ein Schüler vom grünen auf das gelbe Feld vorrückt, dann weiß er, warum. Die sanktionierende Funktion des Lehrers rückt eher in den Hintergrund. Wenn er den Namen eines Schüler von grün auf gelb oder von gelb auf rot verschiebt, wirkt er, aus Sicht seiner Schüler, mehr als Vollstrecker eines transparenten Systems als wie ein »Täter«, der seine Schüler bestraft. Das erhöht die Akzeptanz dieses Systems durch die Schüler.

→ **Isolation im Klassenzimmer**

Eine Isolation im Klassenzimmer hat eine Reihe von Vorteilen:
- Der Lehrer kann diese Maßnahme beim gleichen Schüler mehrmals anwenden.
- Sie verlangt nur geringen Aufwand.
- Sie exponiert den Schüler deutlich weniger, als es im später beschriebenen Time-out der Fall ist.

Um einen Schüler im Klassenzimmer zu isolieren, braucht man einen »Ruhe-Tisch«, der von den Mitschülern nicht eingesehen werden kann. Dazu ist z. B. eine Regalwand hilfreich. Der Schüler muss weiter dem Unterricht folgen können, und der Lehrer muss freien Blick auf ihn haben. Eine Spielfigur am Ruhetisch kann den Schüler »begrüßen«, wenn er dort Platz nimmt.

Der Lehrer kann mit dem Schüler vereinbaren, was er am Ruhe-Tisch tun darf. Wenn ein Schüler überdreht ist und zu seiner Beruhigung am Ruhe-Tisch ist, ist es nicht unbedingt sinnvoll, dass er dort dann immer dem Unterricht folgen muss. Stattdessen kann der Lehrer mit ihm vereinbaren, dass er zwischen Aktivitäten auswählen darf, die ihm dabei helfen, wieder ruhiger zu werden; das gilt vor allem für unruhige und laute Schüler. Für diesen Fall hat der Lehrer am Ruhe-Tisch entsprechende Materialien platziert, wobei es sinnvoll ist, bei deren Auswahl den Schüler einzubeziehen.

Der Lehrer erklärt seinen Schülern die Kriterien für den Ruhe-Tisch und die dazugehörige Verfahrensweise, z. B. welche Materialien der Schüler mit an den Ruhe-Tisch nimmt und dass er sich ohne zu sprechen dorthin begibt. Er kann mit seinem Schüler sogar vereinbaren, dass dieser von sich aus, auf ein Zeichen seines Lehrers hin, am Ruhe-Tisch Platz nehmen darf.

→ **Time-out**

Beim Time-out wird der Schüler aus einer Situation herausgenommen. Meist verlässt er für begrenzte Zeit das Klassenzimmer. Diese Methode wird zwar häufig in Schulen eingesetzt, oft aber nicht korrekt. Die Hauptfehler dabei sind:

- Die Indikation ist nicht klar, was zu Fehlern bei der Durchführung führt.
- Der Lehrer wendet das Time-out in einer emotional aufgeheizten Situation als Machtdemonstration gegenüber dem Schüler an.

Bevor ein Time-out zur Anwendung kommt, muss sich der Lehrer Klarheit darüber verschaffen, mit welchem Ziel er es einsetzt. Die zwei Indikationsmöglichkeiten sind:

- zur Beruhigung,
- als aversive Konsequenz.

Der Lehrer darf die beiden Bereiche nicht vermischen. Das Risiko, dass dies geschieht, ist allerdings groß. Der Lehrer mag z.B. ein Time-out beim gleichen Schüler mit ADHS einmal zu dessen Beruhigung einsetzen, ein andermal als Strafe, weil dieser sich provokativ-ausfällig verhalten hat.

Time-out zur Beruhigung

Ein erregter Schüler, z.B. ein Schüler mit ADHS, soll im Time-out wieder zur Ruhe kommen. Time-out ist in diesem Fall *keine Bestrafung,* sondern eine *Hilfe*; es dient der Integration des Schülers in der Klasse.

Der Lehrer bespricht zunächst mit dem Schüler das Vorgehen. Das Hauptziel dabei ist, dessen Kooperation zu erreichen. Der Lehrer sagt z. B.: »Ich weiß, dass es dir schwerfällt, in der Klasse ruhig zu bleiben. Wenn du aufgeregt bist, ist es für dich schwieriger, dich innerhalb der Klasse zu beruhigen. Darum ist es besser, wenn du raus gehst. Ich habe mit meinem Kollegen, Herrn XY, abgemacht, dass du in einem solchen Fall in seine Klasse gehen darfst. Ich stelle dir mal Herrn XY vor, und er zeigt dir dann, wo du in seinem Klassenzimmer Platz nehmen kannst.«

Wenn sich der Ablauf eingespielt hat, dann kann der Lehrer seinem Schüler erlauben, von sich aus ins Time-out zu gehen, wenn er den Wunsch dazu hat. Das Time-out kann dann häufig und über einen längeren Zeitraum erfolgen.

Ein Time-out zur Beruhigung des Schülers soll für ihn eine Hilfe sein – keine Strafe.

Time-out als aversive Konsequenz

Wenn der Lehrer das Time-out als aversive Konsequenz auf unangemessenes Verhalten anwendet, so beabsichtigt er damit, die Häufigkeit, in der dieses Verhalten auftritt, in Zukunft zu reduzieren. Darunter fällt z. B. auch, wenn der Lehrer einen Schüler ins Time-out schickt, um ihm die »Bühne« seiner Mitschüler zu entziehen; zu stören wird uninteressant, wenn sich keiner dafür interessiert. Wenn ein Schüler die ersten Konsequenzen seines Lehrers, z. B. nonverbaler Art, nicht beachtet, soll ihm das Time-out verdeutlichen, dass der Lehrer nicht gewillt ist, sein Verhalten weiter zu tolerieren. Oppositionellen Schülern, die die Autorität ihres Lehrers herausfordern, soll diese Maßnahme ihre Grenzen aufzeigen und eskalierende Auseinandersetzungen zwischen Lehrer und Schüler verhindern.

Der Lehrer sagt z. B.: »Du hast heute meinen Unterricht ganz erheblich gestört. Das ist für mich und für die Klasse nicht länger erträglich. Deshalb möchte ich mit dir vereinbaren, was in Zukunft geschieht, falls sich so etwas wie heute wiederholt. Du wirst dann auf ein Zeichen von mir ins Klassenzimmer von Herrn XY gehen. Das Zeichen, das ich dir geben werde, ist diese Karte hier. Ich werde dir nachher Herrn XY vorstellen, und er zeigt dir dann, wo du in seinem Klassenzimmer Platz nehmen wirst. Ich werde deine Eltern anrufen und sie über unser Gespräch informieren. Am liebsten wäre mir aber, wenn wir die Karte gar nie brauchten. Was meinst du, kannst du es schaffen, dass es gar nicht dazu kommt?« Und dann: »Kann ich dir dabei helfen?«

In diesem Gespräch spielt der Lehrer mit offenen Karten. Der Schüler weiß, was ihn bei weiterem Stören erwartet. Das macht seinen Lehrer berechenbarer.

Aber eigentlich setzt der Lehrer hier auf eine Doppelstrategie: Er kündigt auf der einen Seite unmissverständlich aversive Konsequenzen an, eröffnet dem Schüler aber auf der anderen Seite mit den letzten beiden Sätzen einen Ausweg. Damit konstruiert er den aversiven Time-out-Rahmen gleichzeitig als Beratungsangebot.

Nur »cooles« Time-out

Beim Time-out als aversive Konsequenz besteht die Gefahr, dass es der Lehrer in einer bereits aufgeheizten Situation aus emotionaler Betroffenheit einsetzt. Damit ist häufig ein Gesichtsverlust des betroffenen Schülers vor seinen Klassenkameraden verbunden; das ist vor allem für Schüler im Jugendalter besonders kränkend, da ihnen ihre Peers emotional viel bedeuten. Zudem ist gerade der für das Time-out in Frage kommende Schüler besonders schnell gekränkt und wütend; das reduziert seine Möglichkeiten zur Selbstkontrolle und verstärkt sein unangemessenes Verhalten.

Da auch die Beziehung des Schülers zum Lehrer sich dadurch verschlechtert, wird es für den Lehrer immer schwieriger, diesen Schüler positiv zu beeinflussen. Es ist deshalb unerlässlich, dass ein Time-out immer unter Einhaltung des Respekts gegenüber dem Schüler erfolgt. Der Lehrer muss alles in seinen Kräften stehende tun, um den drohenden Gesichtsverlust des Schülers vor der Klasse so gering wie möglich zu halten.

Ein Time-out als aversive Konsequenz erfordert eine sorgfältige Dokumentation. Wenn mehr als drei, allerhöchstens fünf Time-out-Maßnahmen keine positive Veränderung bewirken konnten, muss der Lehrer über andere Schritte nachdenken.

Time-out zur Beruhigung in der Klasse des Kollegen

Für das Time-out zur Beruhigung begibt sich der Schüler in ein anderes Klassenzimmer. Dabei ist zu beachten,

- dass der Schüler Aufgaben dabeihat, die er auf alle Fälle lösen kann, z.B. Aufgaben mit geringem kognitivem Anspruch. Denn im Erregungszustand ist er nicht in der Lage, komplexe Aufgaben zu bewältigen. Außerdem steigern Misserfolgserlebnisse nur seine innere Unruhe. Der Lehrer, der das Time-out gibt, kann mit dem Schüler im Voraus besprechen, welche Aufgaben er gerne ins Time-out mitnimmt;
- dass das Time-out nur so lange stattfindet, bis sich der Schüler wirklich wieder beruhigt hat;
- dass der Kollege, in dessen Zimmer das Time-out stattfindet, weiß, welche Intention damit verbunden ist. Da es dem Schüler helfen soll, ruhiger zu werden, darf er alles tun, was

den Schüler dabei unterstützt, also sich auch kurz mit ihm freundlich unterhalten oder ihm bei einer kleinen Aufgabe helfen. Er darf auch den Platz des Time-out-Schülers mit einer kleinen Willkommensfigur schmücken;

- dass der Kollege, in dessen Zimmer das Time-out stattfindet, seine Klasse kurz vorinformiert und vor allem darauf achtet, dass es zu keinen abwertenden Bemerkungen von Seiten seiner Schüler kommt.

Time-out als aversive Konsequenz in der Klasse des Kollegen

In diesem Fall ist zu beachten,

- dass das Time-out etwa 20 Minuten oder gar für den Rest der Unterrichtsstunde andauert;
- dass es sich bei der Klasse, in der das Time-out stattfindet, um Schüler handelt, die älter sind als der Betroffene. Je größer der Altersabstand, desto besser. Andernfalls besteht die Gefahr, dass der Time-out-Schüler die Situation in der anderen Klasse ausnutzt und dort versucht, durch unangemessenes Verhalten zu imponieren. Damit würde er seine Rolle auch in der anderen Klasse fortsetzen und zementieren;
- dass der Schüler Aufgaben mit geringem kognitivem Anspruch dabeihat;
- dass der Schüler Aufgaben erledigt;
- dass sein Platz so eingerichtet ist, dass er keinen Blickkontakt mit den Schülern der anderen Klasse aufnehmen oder gar aus dem Fenster blicken kann. Denn das könnte für ihn so interessant sein, dass er das Time-out wie eine Belohnung erlebt. Damit hätte sich der aversive Charakter des Time-outs in sein Gegenteil verkehrt. Am besten ist es, wenn der Schüler mit dem Rücken zur Klasse direkt vor einer weißen Wand sitzt;
- dass der Lehrer in der Time-out-Klasse über die Intention,

die mit dieser Maßnahme verbunden ist, informiert ist. Er darf nichts tun, was der Schüler als belohnend erleben könnte, wie z.B. sich kurz freundlich mit ihm unterhalten. Vor allem muss er wissen, wie er sich verhält, wenn sich der Schüler herumdreht und versucht, mit seinen Schülern Kontakt aufzunehmen; dann muss er sofort eingreifen und dies verhindern. Ansonsten sollte er den Schüler so neutral wie möglich behandeln und nur das allernötigste mit ihm so kurz wie möglich besprechen – am besten aber gar nichts;

- dass der Kollege, in dessen Zimmer das Time-out stattfindet, seine Klasse kurz vorinformiert und vor allem darauf achtet, dass seine Schüler eventuelle Störmanöver des Time-out-Schülers komplett ignorieren. *Komplett ignorieren* bedeutet, dass keine Schüler aus der Klasse auf ein mögliches Stören des Time-out-Schülers reagieren und ihn nicht ansehen. Allein der Lehrer, in dessen Klasse das Time-out stattfindet, ist für Reaktionen auf solche Störmanöver zuständig.

Time-out als aversive Konsequenz – immer mit Vorwarnung

Das Time-out steht am Schluss einer Reihe anderer Maßnahmen. Herr Streibert geht nach einer gravierenden Störung durch Harry wie folgt vor:

Er blickt Harry an. Dann trägt er auf Harrys Karteikarte »Time-out-Karte« ein. Während er Harry anblickt, nimmt er die Time-out-Karte und legt sie auf den Extra-Platz auf seinem Pult – und zwar so, dass Harry dies bemerkt; dies ist nicht schwierig, denn Harrys Sitzplatz befindet sich in unmittelbarer Nähe des Lehrers. Dann blickt er Harry noch einmal an und fährt mit dem Unterricht fort.

Und wieder stört Harry. Wieder nimmt Herr Streibert Blickkontakt mit ihm auf, begibt sich zu seinem Pult, nimmt die Time-out-Karte und bewegt sich dann ruhig und wie zufällig auf Harrys Tisch zu. Er beugt sich zu ihm herab und flüstert ihm ins Ohr: »Du weißt, dass das die Time-out-Karte ist. Wenn ich dich noch einmal beim Stören beobachte, tritt *Time-out* in Kraft. Wenn ich jedoch bis zum Ende (der Unterrichtsstunde oder des Tages) nichts mehr beobachte, dann nehme ich die Karte wieder zurück. Und jetzt möchte ich, dass du deine Arbeit wieder aufnimmst.«

Wenn Harry ein weiteres Mal stört, begibt sich Herr Streibert an Harrys Platz, schaut ihm in die Augen, notiert auf der Time-out-Karte Datum und Uhrzeit und nimmt dann wieder Blickkontakt mit Harry auf. Wenn er jetzt noch nicht aufgestanden ist, deutet er mit einer Kopfbewegung an, was er von ihm erwartet.

Obwohl es sich um eine öffentliche Maßnahme handelt – denn jeder in der Klasse bekommt mit, was geschieht – hat Herr Streibert vermieden, emotional zu reagieren und ein großes Aufsehen zu machen. Das Time-out wird nicht an die große Glocke gehängt. Damit hat Herr Streibert Harry so weit wie möglich fair behandelt und das Risiko vermieden, dass er sich verletzt oder bloßgestellt fühlt.

Time-out – nie ohne vorheriges Elterngespräch

Der Lehrer muss die Eltern eines eventuell von einem Time-out betroffenen Schülers vorab darüber informieren, dass er den Einsatz dieser Maßnahme plant. Er sollte ihnen erklären, welches Ziel er damit verbindet, und sie um ihre Unterstützung bitten. Er muss zusätzlich mit ihnen die für diesen Fall geltenden Informationswege besprechen, wie z. B. dass er sie beim *Time-out als aversive Konsequenz* unverzüglich über jedes Time-out informiert. Falls sich die Eltern gegen ein Time-out stellen, hat die Maßnahme keinen Sinn.

→ **Schulausschluss**

Manchmal führt kein Weg an dieser Maßnahme vorbei. Die damit verbundenen Nachteile sind:

- Die Eltern stellen sich gegen die Maßnahme.
- Der Schüler wird für ein problematisches Verhalten belohnt, indem er zu Hause ausschlafen, den ganzen Tag fernsehen kann und keinerlei Verpflichtungen nachgehen muss, da die Eltern in der Regel keinen Einfluss mehr auf ihr Kind haben.
- Der Ausschluss kann mit einem Imagegewinn des Schülers verbunden sein. Er ist so cool, dass ihn nichts dazu bringt, den Lehrern zu folgen. Er demonstriert für jeden sichtbar die Ohnmacht der Schule.

Wenn eine Schule mit Schulausschluss operiert, dann muss sie sicherstellen, wo und wie der Schüler die Zeit verbringt. Bei einem Schulausschluss von mehreren Tagen ist zu beachten:

- Die Schule muss weiter Kontakt zu den Eltern halten, um sie nicht zu isolieren; denn je isolierter und unsicherer Eltern sind, desto weniger sind sie in der Lage, gut zu erziehen.
- Es muss geklärt werden, wer mit dem Schüler Kontakt hält und ihm z. B. seine Hausaufgaben bringt. Auch der Schüler darf nicht in die Isolation gedrängt werden.
- An seinem Platz in der Klasse stellen Mitschüler ein Bild von ihm auf.
- Wenn der Schüler wieder in die Schule zurückkommt, dann muss er jetzt faire Startchancen vorfinden. Dazu ist ein Plan erforderlich, wie der Schüler sein begangenes Fehlverhalten korrigieren kann, z. B. durch einen Arbeitseinsatz – nach Sachbeschädigung – oder durch andere Formen der »Wiedergutmachung«. Diese Maßnahmen müssen so angelegt sein, dass die Beteiligten wieder unbelastet aufeinander zu-

gehen können und kein Groll aus der Vergangenheit den Neuanfang belastet.

Wenn der Schüler wieder zurückkommt, begrüßen ihn sein Lehrer und seine Mitschüler. Das soll keine große Feier sein, sondern eine symbolische Handlung, die ihm signalisiert: »Du bist jetzt wieder bei uns willkommen, du bist jetzt wieder ein Teil dieser Klasse.«

→ **Interventionsmöglichkeiten auf der Schulebene**

Es gibt eine Reihe von Gründen, warum vor allem große Schulen oder Schulen in sozialen Brennpunkten über ein breitgefächertes und flexibel einsetzbares Interventionsinstrumentarium verfügen müssen, das über den Klassenrahmen hinausreicht: z. B. weil das »schwierige« Verhalten eines Schülers den Klassenrahmen sprengt, weil sich ein Schüler bei mehreren Lehrern sehr auffällig verhält, weil das auffällige Verhalten im gesamtschulischen Rahmen, etwa während der großen Pause, auftritt usw.

Dieses Buch konzentriert sich auf Maßnahmen im Klassenzimmer, gibt aber in diesem letzten Unterkapitel kurze Hinweise bezüglich Interventionsmöglichkeiten auf Schulebene, welche die Arbeit des Lehrers im Klassenzimmer erleichtern und ihm mehr Sicherheit geben.

Schulordnung

Die Schule erstellt sich eine Schulordnung, die auf positiv formulierten Erwartungen an die Schüler basiert, z. B.:

• In unserer Schule verhalten sich alle Menschen höflich.
• Die Lehrer bemühen sich um optimale Unterrichts- und Lernbedingungen für alle Schüler.
• Die Schüler befolgen die Anordnungen ihrer Lehrer.

Klassenregeln

Jede Klasse verfügt über Klassenregeln, die sich an der Schulordnung orientieren. Sie beschreiben, wie sich die Schüler in der Klasse zu verhalten haben und welche Konsequenzen auf unangemessenes Verhalten folgen. Die Klassenregeln jeder einzelnen Klasse sind dem Lehrerteam bekannt.

Dokumentationssystem

Die Schule besitzt ein schriftliches Dokumentationssystem für jeden Schüler. Dort sind beispielsweise Angaben enthalten über

- sämtliche wichtigen Personalien der Eltern, z. B. auch Mailanschrift;
- Medikamente, die der Schüler braucht;
- schulbezogene Therapien, an denen er teilnimmt oder teilgenommen hat;
- Deutschkenntnisse der Eltern;
- besondere disziplinarische Vorkommnisse in der Vergangenheit.

Konfliktzonen

Die Schule definiert ihre besonders konfliktträchtigen Bereiche, wie Pausen, den Wechsel von einem Klassenzimmer ins andere, das Umziehen beim Turnunterricht, die Zeit vor Unterrichtsbeginn und nach Schulschluss usw. Sie bestimmt für jeden dieser Bereiche die Grenzlinie zwischen akzeptablem und nichtakzeptablem Schülerverhalten, wobei eine Haltung der Null-Toleranz Eltern und Schülern klar signalisiert, dass die Schule alles in ihren Kräften Stehende unternimmt, um gegen jedes psychisch oder physisch unangemessene Verhalten vorzugehen. Zusätzlich legt sie Regeln für diese »heißen« Punkte fest, wie z. B. eine Pausenordnung.

Diese klärt:

- Welche Erwartungen von Seiten der Schule an die Schüler bestehen.
- Über welche Zuständigkeiten die Pausenaufsicht verfügt.
- Wie sie bei schwerwiegenden Vorfällen eingreift.
- Welche Personen bei welcher Art von Vorfällen informiert werden, also z.B.: bei schwerwiegenden Vorkommnissen der Schulleiter, bei weniger gravierenden der Klassenlehrer.

Schulteam

In Bezug auf Konflikte und Disziplinprobleme ist nicht allein der Klassenlehrer zuständig, sondern das gesamte Schulteam oder zumindest alle Lehrer, die den betreffenden Schüler unterrichten. Vor allem müssen die Fachlehrer für Fächer wie Handarbeit, Religion, Kunst usw. in den entsprechenden Konferenzen einen zentralen Platz einnehmen: Denn in ihren Unterrichtsfächern ist die Störungs- und Konflikthäufigkeit besonders hoch und Sanktionsmöglichkeiten über Noten sind nur gering, da die Noten in zahlreichen Nebenfächern nur bedingt oder gar nicht versetzungsrelevant sind.

Wenn die Schule bei den Fachlehrern ein unangemessenes Verhalten zulässt, schwächt sie sich selbst. Denn machtbewusste Schüler deuten dies als Zeichen von Schwäche und versuchen ihren eigenen Machtanspruch noch weiter auszudehnen. Hingegen demonstriert das Schulteam gegenüber Schülern und Eltern Präsenz und Entschlossenheit, wenn alle Lehrer des entsprechenden Schülers zusammenarbeiten. Die, die keine Probleme mit ihm haben, können im Gespräch mit dem Schüler oder in der Elternarbeit eine wichtige Rolle spielen, weil sie unbefangener auf Schüler und Eltern zugehen können.

Die Chancen, unangemessenes Verhalten zu ändern, erhöhen sich, wenn sich mehrere Erwachsene des Problems annehmen – nicht nur *ein* Lehrer. Mit einem »schwierigen« Schüler können mehrere Lehrer sprechen: sein Deutschlehrer, sein Englischlehrer, sein Turnlehrer und sein Mathematiklehrer. Sie alle versuchen – koordiniert – den Schüler positiv zu beeinflussen. Dabei geht es nicht um lange Strafpredigten, sondern darum, dass alle dem Schüler eine ähnliche Botschaft senden und mit abgesprochenen Maßnahmen auf seine Schwierigkeiten reagieren (Omer & von Schlippe 2002).

> Ein wirklich »schwieriger« Schüler ist nicht Sache des einzelnen Lehrers – sondern der ganzen Schule.

Lehrergruppen

Mehrere Lehrer vernetzen sich auf freiwilliger Basis in einem Team, um von ihren Kompetenzen im Umgang mit »schwierigen« Schülern zu profitieren. Die Schule sollte diesen Lehrern Zeitbudgets für Besprechungen und gegenseitige Hospitationen zur Verfügung stellen, wobei schon 20 Unterrichtsstunden pro Schuljahr einen sehr positiven Effekt haben können. Lehrergruppen basieren auf Vertrauen, Fehlertoleranz und Respekt.

> Die wichtigste Ressource des Lehrers sind seine Kollegen.

Beschwerdemanagement

Wenn Eltern Fragen oder Kritik am Lehrer ihres Kindes oder am Unterricht haben, brauchen sie einen Ansprechpartner, mit dem sie ihre Fragen klären können. Dies sollte an erster Stelle der jeweilige Lehrer sein. Wenn aber Eltern und Lehrer im gemeinsamen Gespräch zu keiner Lösung kommen, brauchen die Eltern eine weitere Instanz, an die sie sich nun wenden können; denn unter dem entstehenden Konflikt leiden nicht nur Schüler, Eltern und Lehrer, sondern viele Eltern neigen rasch dazu, ihren Ärger über den Lehrer oder die Schule öffentlich zu machen. Dies schädigt das Ansehen der Schule.

Ein solches Gremium ist eine niederschwellig zugängliche Beschwerdestelle. Sie besteht nicht nur aus Vertretern der Schule, wie z. B. Bauer (2007) meint, weil Eltern sich einer solchen Einrichtung gegenüber verständlicherweise unterlegen fühlen könnten, sondern sie ist aus Vertretern von Lehrern und Eltern sowie einem in der Hierarchie hochstehenden Vertreter der Schule, z. B. dem Schulleiter, zusammengesetzt. Dadurch, dass sich die Spitze der Schulhierarchie um die Anliegen der Eltern kümmert, signalisiert sie ihnen, dass sie ihre Anliegen ernst nimmt. Die Gespräche dieses Gremiums mit den Eltern sollte eine überparteiliche und von außen kommende Fachperson, wie z. B. ein Schulpsychologe, moderieren. Mehr dazu z. B. unter www.faireschule.at/good_practice/30.

Zu Beginn jedes Schuljahres machen die Lehrer alle Eltern ihrer Schüler auf die Tätigkeit der Beschwerdestelle in schriftlicher Form aufmerksam.

> Lehrer können besser arbeiten, wenn Öffentlichkeit und Eltern ihre Schule in positivem Licht sehen.

Kontakt zu Ausländerorganisationen

Schulen mit einem hohen Ausländeranteil verfügen über gute Ansprechpartner in den Organisationen der entsprechenden Migrantenfamilien. Dort finden die Lehrer Übersetzer für ihre Elternarbeit mit ausländischen Familien. Diese sind oft kompetente Ansprechpartner und können als solche zwischen Vertretern unterschiedlicher Kulturen, wie Lehrer und Eltern, vermitteln.

Zuständigkeit bei massiven Problemen

Die Schule bespricht, für welche schwerwiegenden Verhaltensweisen welche Zuständigkeiten vorhanden sind, z. B. die Schulleitung bei Drogen- oder Waffenbesitz, Körperverletzung, Sachbeschädigung, unerlaubtem Fernbleiben usw.

Kontakt zu außerschulischen Instanzen

Schulen mit einem hohen Anteil »schwieriger« Schüler oder Schulen in sozialen Brennpunkten verfügen zusätzlich über Kriterien, welche die Hinzuziehung außerschulischer Instanzen wie Jugendamt, Vormundschaftsbehörde oder Polizei definieren.

Zu Kapitel 2.6: »Wie der Lehrer seinen Unterricht an den Zielen seiner Schüler ankoppelt«, Abschnitt: »Was ich in der Schule lernen möchte«, Schritt 12: Präsentation der Ergebnisse.

Begrüßung durch Herrn Schubert

Sehr geehrte Eltern, liebe Schüler, liebe Kollegen,

Mein Name ist Stefan Schubert. Ich bin Klassenlehrer der Klasse 9 A.

Ich freue mich, dass Sie unserer Einladung gefolgt sind. Als Eltern sind Sie der wichtigste Partner unserer Schule. Dass Sie sich für diesen Abend Zeit genommen haben, zeigt, dass Ihnen daran gelegen ist, dass Ihre Kinder eine gute Entwicklung nehmen. Das ist auch unser Ziel.

Ihre Kinder haben ein anspruchsvolles Schuljahr vor sich. Mein Ziel ist es, sie optimal auf ihren späteren Beruf vorzubereiten. Sie wissen, dass die Anforderungen dort heute sehr hoch sind.

Um im Beruf erfolgreich zu sein, sind – neben Fachwissen – zwei Dinge besonders wichtig:

- eine gute Arbeitshaltung und
- sehr gute Umgangsformen.

Mit dem heutigen Anlass wollen Ihnen Ihre Kinder zeigen, welche Ziele sie sich für dieses Schuljahr gesetzt haben und wie sie vorgehen werden, um sie zu erreichen. Dazu haben sie sich sehr engagiert vorbereitet.

Manche Ziele Ihrer Kinder sehen auf den ersten Blick vielleicht einfach aus. In Wirklichkeit stellen sie aber erhebliche Anforderungen an ihr Durchhaltevermögen. Wer ein Ziel verfolgt, muss andere Dinge zurückstellen können. Stellen Sie sich bitte vor, ein Schüler hat als Ziel, dreimal pro Woche zehn Minuten englische Vokabeln zu lernen. Während dieser Zeit könnte er hundert andere interessante Dinge tun, wie sich einen Film anschauen, mit der Freundin telefonieren usw. Das alles muss er in dem Moment zurückstellen können.

Es ist gut, wenn Kinder spüren, dass ihre Eltern sie beim Erreichen ihrer Ziele unterstützen. Wie Sie dabei vorgehen können, werde ich Ihnen nachher mitteilen.

Vielen Dank – und einen interessanten Abend.

Wie Eltern ihre Kinder beim Lernen unterstützen können – ein Vortrag von Herrn Schubert

Sehr geehrte Eltern,

Noten werden nur besser, wenn ein Schüler dafür etwas tut. Ohne Anstrengung geht nichts.

Wir wissen alle, dass es leichter ist, sich für etwas einzusetzen, wenn man dafür Anerkennung und Unterstützung erhält.

Wenn Sie Ihr Kind in der Schule unterstützen möchten, können Sie Folgendes tun:

- Sie erklären ihm, warum es Ihnen wichtig ist, dass es sich in der Schule gut benimmt und gut lernt.
- Sie loben es, wenn es sich anstrengt.

Damit erlernen Ihre Kinder durch Sie die Grundlagen für beruflichen Erfolg.

Schule und Beruf machen nicht immer Spaß. Das ist einfach so. Dennoch muss Ihr Kind lernen – und Sie bestehen darauf. Aber bitte ohne zu schreien und ihm Vorwürfe zu machen.

Damit zeigen Sie Ihrem Kind etwas ganz Entscheidendes fürs Leben – nämlich, dass man auch dann »am Ball bleiben« muss, wenn man mal keine Lust hat. Das müssen wir alle, die wir im Leben stehen.

Viele meinen, sie könnten ihr Kind nur dann loben, wenn es gute Noten nach Hause bringt. Gute Noten kann man aber nicht vorprogrammieren. Natürlich sind gutes Lernen und gute Mitarbeit in der Schule Voraussetzungen für gute Noten – aber selbst wenn ein Schüler im Unterricht gut aufpasst und zu Hause gut lernt, ist es nicht sicher, dass er auch wirklich eine gute Note erreicht.

Stellen Sie sich bitte kurz vor, Sie wären so ein Schüler. Sie haben sich zu Hause und in der Schule angestrengt, aber die Note ist schlecht. Jetzt kommen Ihre Eltern mit Vorwürfen: »Du bist faul, du hast nicht richtig gelernt.« Wie reagieren Sie? (Herr Schubert wartet, ob sich ein Elternteil meldet. Wenn nicht, fährt er fort:) Sie sind schon entmutigt wegen der schlechten Note – jetzt sind Sie doppelt entmutigt – wegen der Vorwürfe. Und Sie haben noch weniger Kraft weiterzulernen – obwohl gerade das das Beste wäre, was Sie tun könnten.

Wie würden Sie sich in dieser Situation wünschen, dass Ihre Eltern reagieren? (Herr Schubert wartet, ob sich ein Elternteil meldet. Wenn nicht, fährt er fort:) Sie würden sich vermutlich

Trost und Unterstützung wünschen. Ihren Kindern geht es genauso.

Die Empfehlung aller Lernexperten lautet deshalb, dass Eltern ihre Kinder bei schlechten Noten zum Weiterlernen ermutigen sollten. Sie können z. B. sagen: »Du hast dich angestrengt, schade, dass es nicht besser geworden ist. Ich finde ganz toll, wie gut du gelernt hast. Lern bitte so weiter.« Denn das beste Mittel gegen schlechte Noten ist: weiterlernen.

Denken Sie bitte daran, dass kein Kind schlechte Noten mag, selbst wenn es so tut, als wären ihm die Noten egal. Das ist eine Notreaktion, die zeigt, dass sich ein Kind überfordert fühlt.

Es gibt aber auch Kinder, die noch nicht so lernen, wie es wünschenswert wäre. Wenn Sie der Ansicht sind, dies sei bei Ihrem Kind der Fall, dann können Sie sich gerne an mich wenden – und dann können wir gemeinsam überlegen, wie wir ihm helfen können.

Vielen Dank für Ihre Aufmerksamkeit.

Literaturverzeichnis

Bauer, J. (2007): *Lob der Schule*. Hamburg: Hoffmann und Campe.

Berscheid, E. (2002): The Human's Greatest Strength: Other Humans. In: Aspinwall, L., Staudinger, U. (Hrsg.): *A Psychology of Human Strengths. Fundamental Questions and Future Directions for a Positive Psychology*. Washington: American Psychocological Association, S. 37–47.

Blaser, E., Lennartz, V., Mantwill, M., Schuberth, F. (2000): *Wie nehmen SchülerInnen und LehrerInnen den Rauswurf kognitiv und emotional wahr?* (Oldenburger Vor-Drucke 425) Oldenburg: Zentrum für pädagogische Berufspraxis.

Brüning, L., Saum, T. (2006): *Erfolgreich unterrichten durch kooperatives Lernen. Strategien zur Schüleraktivierung*. 2., überarb. Aufl. Essen: Neue-Deutsche-Schule-Verlags-Gesellschaft.

Brüning, L., Saum, T. (2007): *Erfolgreich unterrichten durch Visualisieren. Grafisches Strukturieren mit Strategien des Kooperativen Lernens*. Essen: Neue-Deutsche-Schule-Verlags-Gesellschaft.

Cierpka, M. (2005): *Faustlos – Wie Kinder Konflikte gewaltfrei lösen lernen*. Freiburg i. Br. u.a.: Herder.

Doskoch, P. (2006): Das Geheimnis des Erfolgs: Der lange Atem. In: *Psychologie Heute*, 5, S. 20–26.

Duckworth, A., Seligman, M. (2005): Self-Discipline Outdoes IQ in Predicting Academic Performance of Adolescents. In: *Psychological Science*, 12, S. 939–944.

Easley, S.-D., Mitchel, K. (2004): *Arbeiten mit Portfolios. Schüler fordern, fördern und fair beurteilen*. Mülheim an der Ruhr: Verlag an der Ruhr.

Ehlers, S. (2007): Mentales Training: Vorbereitung auf den Ernstfall. In: *Psychologie Heute*, 10, S. 60–65.

Eichhorn, C. (2002): *Souverän durch Self-Coaching. Ein Wegweiser nicht nur für Führungskräfte*. 3. Aufl. Göttingen: Vandenhoeck & Ruprecht.

Eichhorn, C. (2003): *Eltern sind nicht immer schuld. Warum manche Kinder schwieriger sind*. Stuttgart: Klett-Cotta.

Eichhorn, C. (2007): *Gut erholen – besser leben. Das Praxisbuch für Ihren Alltag*. 3. Aufl. Stuttgart: Klett-Cotta.

Emmer, E., Evertson, C., Clements, B., Worsham, M. (Hrsg.) (1984): *Classroom Management for Secondary Teachers*. Englewood Cliffs, NJ, u.a.: Prentice-Hall.

Evertson, C., Emmer E., Worsham, M. (1984): *Classroom Management for Elementary Teachers*. Englewood Cliffs, NJ: Prentice-Hall.

Fredrickson, B. (2003): Die Macht der guten Gefühle. In: *Gehirn und Geist*, 6, S. 38–42.

Fredrickson, B. (2006): Unpacking Positive Emotions: Investigating the Seeds of Human Flourishing. In: *Journal of Positive Psychology*, 2, S. 57–59.

Furman, B.: Stufen der Verantwortung. www.kidsskills.org/German/verantwortung/

Furman, B. (2005): *Ich schaffs. Spielerisch und praktisch Lösungen mit Kindern finden – das 15-Schritte-Programm für Eltern, Erzieher und Therapeuten*. Heidelberg: Carl-Auer-Systeme-Verlag.

Glasser, W. (1972): *Realitätstherapie. Neue Wege der Psychotherapie*. Weinheim: Beltz.

Gordon, T. (1977): *Lehrer-Schüler-Konferenz. Wie man Konflikte in der Schule löst*. Hamburg: Hoffmann und Campe (18. Aufl., München: Heyne 2006).

Grossmann, C. (2002): *Projekt: Soziales Lernen und Gruppenarbeit. Ein Praxishandbuch zur Förderung von sozialen Kompetenzen in*

Schule und Unterricht. Göttingen: Institut für berufliche Bildung und Weiterbildung e.V.

Grüner, T., Hilt F. (2004): *Bei STOPP ist Schluss! Werte und Regeln vermitteln.* (Lernmaterialien), 4. Aufl. Lichtenau: AOL-Verlag.

Hargis, C. (1997): *Teaching Low Achieving and Disadvantaged Students.* 2. Aufl. Springfield, Ill.: Thomas.

Helmke, A. (2003): *Unterrichtsqualität: Erfassen, bewerten, verbessern.* Seelze: Kallmeyer.

Johnson, D., Johnson, R. (1989): *Cooperation and Competition: Theory and Research.* 2. Aufl. Edina, Minn.: Interaction Book Co.

Johnson, D., Johnson, R. (2004): *Assessing Students in Groups: Promoting Group Responsibility and Individual Accountability.* Thousand Oaks, Calif.: Corwin Press.

Johnson, D., Johnson R., Holubec, E. (2005): *Kooperatives Lernen – Kooperative Schule. Tipps – Praxishilfen – Konzepte.* Mülheim an der Ruhr: Verlag an der Ruhr.

Jones, F. (2000): *Tools for Teaching.* Santa Cruz, CA: Jones & Associates.

Jugert, G. et al. (2006): *Fit for Life. Module und Arbeitsblätter zum Training sozialer Kompetenz für Jugendliche.* 4. Aufl. Weinheim: Juventa-Verlag.

Kaeding, P., Richter, J., Siebel, A., Vogt, S. (Hrsg.) (2005): *Mediation an Schulen verankern.* Ein Praxishandbuch. Weinheim u.a.: Beltz.

Kounin, J. (1976): *Techniken der Klassenführung.* Stuttgart: Klett.

Krowatschek, D., Krowatschek, G., Wingert, G. (2005): *Disziplin im Klassenzimmer. Bewährtes und Neues – ein Erziehungsprogramm aus der Praxis.* Lichtenau: AOL-Verlag.

Kühn, L. (2005): *Das Lehrerhasser-Buch. Eine Mutter rechnet ab.* München: Knaur-Taschenbuch-Verlag.

Lohmann, G. (2007): *Mit Schülern klarkommen. Professioneller Umgang mit Unterrichtsstörungen und Disziplinkonflikten.* 4., neubearb. Aufl. Berlin: Cornelsen Scriptor.

McCarney, S., McCain, B. (1995): *Behavior Dimensions Intervention Manual.* Columbia, MO: Hawthorne Educational Services.

Maddux, J. (2002): Self-Efficacy: The Power of Believing You Can. In: Snyder, C., Lopez, S. (Hrsg.): *Handbook of Positive Psychology*. Oxford: Oxford University Press, S. 277–287.

Melzer, W., Schubarth, W., Ehninger, F. (2004): *Gewaltprävention und Schulentwicklung*. Bad Heilbrunn/Obb.: Klinkhardt.

Mendler, A. (1997): *Power Struggles: Successful Techniques for Educators*. Rochester, NY: Discipline Associates.

Morgenthau, L., Siemens, M. (2004): *Klasse organisieren ohne Worte. Signalkarten für die Sek. 1*. Mülheim an der Ruhr: Verlag an der Ruhr.

Myers, D. (2004): Human Connections and the Good Life: Balancing Individuality and Community in Public Policy. In: Linley, A., Joseph, S. (Hrsg.): *Positive Psychology in Practice*. Hoboken, NJ: Wiley, S. 641–657.

Myles, B., Simpson, R. (1994): Prevention and Management Considerations for Aggressive and Violant Children and Youth. In: *Education and Treatment of Children*, 17, S. 370–384.

Nolting, H. (2006): Prävention von Unterrichtstörungen. Unauffällige Einflussmaßnahmen können viel bewirken. In: *Pädagogik*, 11, S. 10–13.

Nolting, H.-P. (2007): *Störungen in der Schulklasse. Ein Leitfaden zur Vorbeugung und Konfliktlösung*. 6., erw. Aufl. Weinheim u.a.: Beltz.

Omer, H., von Schlippe, A. (2002): *Autorität ohne Gewalt. Coaching für Eltern von Kindern mit Verhaltensproblemen*. Göttingen: Vandenhoeck und Ruprecht.

Polivy, J., Herman, P. (2002): If at First You Don't Succeed. False Hopes of Self-Change. In: *American Psychologist*, 57, S. 677–689.

Redlich, A., Schley, W. (1981): *Kooperative Verhaltensmodifikation im Unterricht*. 2., überarb. Aufl. München u.a.: Urban und Schwarzenberg.

Salovey, P., Mayer, J. (2002): The Positive Psychology of Emotional Intelligence. In: Snyder, C., Lopez, S. (Hrsg.): *Handbook of Positive Psychology*. Oxford: Oxford University Press, S. 159–171.

Salovey, P., Caruso, D., Mayer, J. (2004): Emotional Intelligence in

Practice. In: Linley, A., Joseph, S. (Hrsg.): *Positive Psychology in Practice*. Hoboken, NJ: Wiley, S. 447–463.

Schroeter, K., Kaeding, P., Freitag, S. (2006): Konflikte bearbeiten: Diagnose – Einordnung – systematische Intervention. In: *Pädagogik*, 11, S. 19–23.

Shukla-Metha, S., Albin, R. (2003): Twelve Practical Strategies to Prevent Behavioral Escalation in Classroom Settings. In: *Preventing School Failure*, 47, S. 156–172.

Spitzer, M. (2003): *Lernen: Gehirnforschung und die Schule des Lebens*. Heidelberg u.a.: Spektrum, Akademischer Verlag.

Spitzer, M., Bertram, W. (Hrsg.) (2007): *Braintertainment. Expeditionen in die Welt von Geist und Gehirn*. Stuttgart: Schattauer.

Sprick, R. (2003): *Discipline in the Secondary Classroom: A Problem-by-Problem Survival Guide*. San Francisco: Jossey-Bass.

Stadler, G., Oettingen, G., Gollwitzer, P. (2007): Gesundheit beginnt im Kopf. Von der Fantasie zum Ziel zum gesunden Lebensstil. Vorab-Bericht zu den Ergebnissen einer wissenschaftlichen Studie zur Selbstregulation von Gesundheitsverhalten. Hamburg: DAK. (www.dak.de/content/filesopen/DAK-Ergebnisbericht%20aktuell.pdf)

Sullivan, K. (2000): *The Anti-Bullying Handbook*. Oxford u.a.: Oxford University Press.

Taylor, S., Pham, L., Rivkin, I., Armor, D. (1998): Harnessing the Imagination. Mental Simulation, Self-Regulation and Coping. In: *American Psychologist*, 53, 4, S. 429–439.

Taylor, S., Pham, L. (1999): The Effect of Mental Simulation on Goal-directed Performance. In: *Imagination, Cognition and Personality*, 18, 4, S. 253–268.

Weinert, F., Kluwe, H. (1996): *Metakognition, Motivation und Lernen*. Stuttgart u.a.: Kohlhammer.

Werner, E., Smith, R.(1992): *Overcoming the Odds: High Risk Children from Birth to Adulthood*. Ithaca u.a.: Cornell University Press.

Wong, H., Wong, R. (2004): *The First Days Of School. How to Be an Effective Teacher*. Mountain View, CA: Wong.

Die wichtigsten Bücher

Emmer, E., Evertson, C., Clements, B., Worsham, M. (Hrsg.) (1984): *Classroom Management for Secondary Teachers.* Englewood Cliffs, NJ, u.a.: Prentice-Hall.
Evertson, C., Emmer E., Worsham, M. (1984): *Classroom Management for Elementary Teachers.* Englewood Cliffs, NJ: Prentice-Hall.
Beide Bücher sind echte Klassiker zum Thema Classroom-Management. Sie gehen auf alle zentralen Aspekte des Themas ein und enthalten eine Vielzahl wertvoller Hinweise, die im deutschen Sprachraum noch kaum Aufnahme gefunden haben, obwohl beide Bücher älteren Datums sind.

Kounin, J. (1976): *Techniken der Klassenführung.* Stuttgart. Klett.
Classroom-Mangement geht eigentlich auf Kounin zurück. Kein anderer Autor hatte weltweit einen solchen Einfluss in Bezug auf dieses Thema. Sein wichtigstes Buch wurde 1976 ins Deutsche übersetzt, war aber bald danach vergriffen – bis zum Jahre 2006, in dem es neu gedruckt wurde. Eine gute Zusammenfassung gibt Nolting (2007). Die Kenntnis von Kounins Befunden ist Grundlage eines guten Classroom-Managements.

Jones, F. (2000): *Tools for Teaching.* Santa Cruz, CA: Jones & Associates.
Der Autor beschreibt Grundlagen zum Thema Classroom-Management. Er geht ausführlich auf wichtige Aspekte der Unterrichtsplanung und -gestaltung ein. Einige Passagen von Teil 2 und Teil 4 dieses Buches beziehen sich auf Jones.

Johnson, D., Johnson R., Holubec, E. (2005): *Kooperatives Lernen – Kooperative Schule. Tipps – Praxishilfen – Konzepte.* Mülheim an der Ruhr: Verlag an der Ruhr.
Eine hervorragende Einführung ins Kooperative Lernen von den weltweit tonangebenden Experten zum Thema.

Nolting, H.-P. (2007): *Störungen in der Schulklasse. Ein Leitfaden zur Vorbeugung und Konfliktlösung.* 6., erw. Aufl. Weinheim u.a.: Beltz.
Der Autor ist ein profunder Kenner des Themas Classroom-Management. Eines der besten Bücher dazu im deutschsprachigen Raum.

Sprick, R. (2003): *Discipline in the Secondary Classroom: A Problem-by-Problem Survival Guide.* San Francisco: Jossey-Bass.
Der Autor beschäftigt sich intensiv mit der Frage, wie ein Notensystem konzipiert sein muss, damit es die Schüler zum Arbeiten motiviert. Er legt einen Schwerpunkt auf die Ausbildung einer guten Arbeitshaltung, die er als zentralen Faktor für schulischen Erfolg ansieht.

Wong, H., Wong, R. (2004): *The First Days Of School. How to Be an Effective Teacher.* Mountain View, CA: Wong.
Das Buch widmet sich einzig und allein dem Thema Schulbeginn. Es gibt eine Reihe an wichtigen Hinweisen, wie der Lehrer in dieser entscheidenden Phase vorgehen kann. Einige Passagen von Teil 2 dieses Buches beziehen sich auf H. & R. Wong.

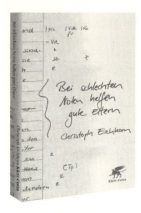